MIS GRANDES AMORES

Basada en las historias que me contó mi padre sobre mi abuelo

SALVADOR SPARTI

ISBN-13: 978-1540877505

ISBN-10: 1540877507

Autor: Felipe Jesús Palenzuela Castillo

Seudónimo: Salvador Sparti

Editor: Edgardo Moreno

Diseño interior: Francisco Martínez López

Diseño de Portada: Edgardo Moreno

Facebook: Felipe Jesús Palenzuela Castillo

Twitter: Salvador Sparti. @SPARTIsparti

Email: jesuslamar58@nauta.cu

               lamarestrella@gmail.com

Teléfono: Emma Palenzuela (representante)

               1-863-257-3997 (USA)

               011-53-23-42-5133 (Cuba)

Un proyecto Editorial de

www.Tulibroen21dias.com

DEDICATORIA

A la memoria de mis abuelos, especialmente a la de Manuel. A mi bisabuelo Miguel. A mi padre, pescador y marino, quien me contó estas historias.

AGRADECIMIENTOS

A mi familia, especialmente a mi hermano Rafael, quien me ayudó a completar este relato. A mis hijos, amantes de las historias sobre los aventureros del Caribe, y que sueñan con navegar por estos mares.

CONTENIDO

I

LA ISLA DE ENSUEÑO

El hombre vive en un verdadero paraíso. Para encontrarlo solo tiene que abrir los ojos y mirar a su alrededor. A los que hemos podido disfrutar de él no nos importa a dónde nos lleve el azar, pues siempre estaremos satisfechos de haber vivido en abundancia.

Mi nombre es Manuel Palenzuela y Lamar, hijo de Manuel Palenzuela Mendoza y Pastora Lamar Coto. Nací en el pequeño poblado de Batabanó, situado en la porción sur de la provincia de La Habana, Cuba, un 16 de mayo del año 1879.

Como casi todos los niños de mi época, fui a la escuela, en la Parroquia más cercana, hasta el tercero o cuarto grado, pues con ello tenía ya los conocimientos fundamentales. A los once años ya poseía el cuerpo y la talla necesarios para ayudar a mi padre; incluso, era bastante espigado, para esa edad, por lo que aparentaba tener más años, aunque mi rostro me delataba.

El pequeño surgidero de Batabanó —que en realidad es un atracadero o muelle, pues la costa sur de la provincia de La Habana no tiene puertos naturales— era el centro más importante de la actividad económica de la localidad, independientemente de las labores agrícolas, ya que constituía una entrada para los recursos procedentes del mar y una vía de comunicación directa con los puertos de La Coloma, en la provincia de Pinar del Río, y de Nueva Gerona, en la isla de Pinos. Esas tres plazas conformaban un triángulo en el cual se desarrollaban las relaciones comerciales entre sus habitantes. Incluso había varias familias que tenían parientes en las tres localidades.

Desde muy pequeño, mi padre me llevó al muelle para ver los barcos, la mayoría pequeños pesqueros, que iban y venían. Es muy posible que la cercanía del mar, con su brisa refrescante y sus hermosos colores, el olor del salitre y de los mariscos, así como la tradición familiar —parece ser que los primeros de mis ancestros que vinieron a Cuba fueron bucaneros— hayan inclinado mi espíritu hacia las aventuras. Mi primer viaje a la Isla de Pinos lo realicé con mis padres, quienes en algún momento pensaron en instalarse allí. Fue en agosto del año 1890. La travesía fue todo un acontecimiento para mí: íbamos en un barco de velas y en él escuché, de boca de uno de sus marineros, varias historias de piratas que me fascinaron. Entre ellas estaba la de «Pepe el Mallorquín», un aventurero de origen español que recorrió aquellas latitudes en pleno siglo XIX, y que murió en esa Isla de Ensueño, cuando su barco fue hundido en el río Las Casas, bajo los disparos de cañón de otro que practicaba el mismo oficio, y del cual no recuerdo el nombre.

A unas tres o cuatro millas de distancia pude divisar con claridad las lomas —que a mí me parecieron montañas— situadas a ambos lados del río, que en esa época era navegable en casi todo su curso y cuyas aguas tenían una transparencia que ya no volverá. A partir de ese momento, no me desprendí de la borda hasta que desembarcamos.

Nueva Gerona, por entonces un pequeño caserío, se encuentra en la costa norte de la Isla de Pinos, al Sur-Suroeste de Batabanó, y fue fundada en el año 1830. Muchas de sus casas eran de madera, aunque también las había de ladrillo con techos de teja. Sus calles principales corrían paralelas al río. El núcleo fundamental de su población estaba constituido por descendientes de españoles. Sin embargo, allí y en sus alrededores, vivían también colonos de origen norteamericano, y de otras latitudes. La actividad económica principal era la ganadería, sin descartar las pequeñas parcelas agrícolas y algunos comercios.

La mayoría de los adolescentes como yo, eran ya obligados por sus padres a ayudar para mantener a sus familias. No obstante, encontré varios de mi edad con los que pude jugar al béisbol y a la quimbumbia. Sin embargo, a mí me interesaron especialmente las anécdotas sobre sus viajes y las historias sobre corsarios y piratas, que ellos adornaban con mucha acción y misterio. Me quedé prendido de ellas y en las noches me veía surcando los mares en un bajel, en cuyo palo mayor ondeaba el estandarte negro con su calavera.

Uno de los momentos culminantes de mi visita a la Isla de Pinos fue cuando mi padre me llevó a la colina de «La Vigía», desde donde se divisaban todo el poblado, el río serpenteando entre las lomas, y el piélago. Era un lugar inmejorable para detectar a cualquier enemigo que se acercara por mar. Los españoles que fundaron Nueva Gerona, lo habían hecho con acierto, en todos los sentidos. Era casi imposible un ataque basado en la sorpresa, incluso por tierra, pues los agresores tendrían que desembarcar muy lejos y acercarse por el Sur, entre las dos hileras de alturas que protegían a la pequeña ciudad por el Este y por el Oeste, por lo que siempre serían detectados con tiempo suficiente para preparar la defensa que, por supuesto, sería yo el encargado de dirigir.

Luego de una semana de ilusiones y aventuras reales e imaginarias, mis padres regresaron a Batabanó. Dejé con pesar a mis nuevos amigos, pero mi mente infantil estaba llena de sueños, que años más tarde se convirtieron en proyectos —tales como el recorrido por el interior de la isla o como el bojeo a la misma—, llena de episodios que quedaron pendientes hasta que me asenté en ese maravilloso territorio, diez años después.

Al regreso a mi pueblo natal me había convertido en un muchacho muy locuaz. Durante casi un mes pude contar numerosas historias sobre los temerarios filibusteros, y anécdotas sobre mis propias experiencias, así como dar también un adelanto acerca de mis próximas aventuras.

II

EL RETORNO

Regresé a la Isla de Pinos, en el año mil novecientos, cuando ya contaba con veinte años de edad. Había reunido algún dinero trabajando en la pequeña finca de mi familia, y como estibador en los muelles, en la pesca de la langosta y de la esponja, cuyo comercio no se había desarrollado por esos años. Alquilé una casita pequeña, a dos cuadras del muelle, y me fui a ver al señor Ramón —amigo de mi padre— para que me diera referencias acerca de algún trabajo. Yo también tenía informes, por mis amigos de Batabanó, de los patrones que eran dueños de embarcaciones de pesca, y además conocía a uno de ellos personalmente. Mas fui con Ramón, pues él conocía mejor el terreno.

Ramón me informó acerca de algunos trabajos en el Aserrío y en el Varadero. Incluso me invitó para que me dedicara a la agricultura, y me hizo una propuesta tentadora acerca de la compra de un terreno, no muy lejos de Gerona. Pero mis miradas estaban fijas en el mar y sus aventuras. Aquella inclinación quizás se debiera a las historias que me contó mi abuelo, Antonio Silvestre, sobre varios de nuestros ancestros que habían sido bucaneros en el siglo XVII.

Definitivamente, una mañana fui a parar al muelle, y tuve la suerte de que en ese momento estaba libre un barquito de pesca, La Lolita, cuyo dueño, el señor Guzmán, no tenía a quién emplear en ese momento en la captura de la esponja, y por ello se preparaba para calafatearlo y pintarlo. Yo aproveché para decirle:

—Déjeme dar esta marea, luego yo mismo lo calafateo y lo pinto.

Como a él le venía bien la propuesta, movió la cabeza y encogió los hombros.

—Bueno, como quieras.

—¿No va a buscar referencias mías? —le pregunté interesado.

—Ya las tengo—respondió Guzmán—. Mi primo de Batabanó asegura que eres fuerte y trabajador. También dice que haces muchas preguntas sobre la mar, lo que es señal de que te gusta navegar.

—Bueno, entonces voy a comprar los víveres y a buscar mis cosas —dije después de darle la mano.

—Te puedes ir hoy mismo —dijo Guzmán señalando con el índice de su mano izquierda hacia el cielo—. Hay buen viento.

La Lolita era un barco de velas como casi todos los que se usaban en la pesca en esos años, pues los de motor eran escasos, más caros, y principalmente se usaban en el transporte de mercancías o de pasajeros. Tenía unos dieciocho o veinte pies de largo, y parecía ser muy *marinero*, por lo que estaba seguro de poder manejarlo bien. Después de recoger mis cosas, entre las que se encontraba mi guitarra y un buen sombrero de alas anchas, me fui a una bodeguita cercana a buscar pan, sal, azúcar, aceite, galletas, garbanzos, frijoles blancos, carne salada, queso, chorizos, tocino, naranjas, limones, algunas verduras y viandas, algo de tabaco, café y cerillas. Subí todo en mi embarcación, agregué un saco de carbón, una botella de petróleo, una olla nueva para el potaje y las sopas, con dos platos y dos jarros. Por último, llevé dos bidones de agua, un hacha pequeña, y mi barrilito de vino.

Cuando todo estuvo listo, Guzmán se acercó y me dijo:

—Parece que fueras a estar dos meses en la mar.

—Es para una marea; pero si es buena puedo seguir por más de veinte días —dije al tiempo que desplegaba las velas y tomaba el timón.

—¿Te gusta navegar solo?

—Sí.

—Puede ser aburrido —comentó Guzmán.

—No para mí —aseguré mientras le indicaba que soltara las amarras.

—Buen viaje —dijo lanzándome el cabo.

Así comenzó, cerca de las once de la mañana, en los primeros días de enero del año mil novecientos, mi inicio como pescador en la Isla de Pinos. No le dije a Guzmán que era mi primera vez navegando en solitario, ni que lo hacía para reconocer una parte de los contornos de la isla —pensando ya en un próximo bojeo a la misma—, ni que me gustaba la soledad en la mar para poder pensar con más claridad, basándome en mi intuición, teniendo a Dios como única persona con derecho a cuestionarme —aunque en buena medida se trataba de que no me gustaba que nadie me contradijera—. Fue también el comienzo de una aventura que duró muchos años, que me trajo grandes satisfacciones y también algunos tragos muy amargos.

Durante esa primera marea, en la tarde del mismo día de mi salida y cerca de Cayo Redondo, se produjo mi primer encuentro con el señor Miguel Moya, un peninsular oriundo de La Coruña, en Galicia, quien se convertiría en mi suegro un año y medio más tarde. Bordeaba por el norte el citado cayo, que nunca había visto y por tanto pretendía darle la vuelta, cuando divisé su barco y, a sus señales, me acerqué y me puse al pairo. Arrié mi vela y le lancé el cabo para juntar los navíos. No tiré el ancla, pues había poco oleaje y ningún chubasco a la vista.

> —¿Con quién tengo el gusto de hablar? —preguntó él al tiempo que se erguían a sus espaldas dos jóvenes, aproximadamente de mi edad, con camisetas blancas, pantalones cortos y descalzos, como era tradicional entre los pescadores.

> —Manuel Palenzuela y Lamar —respondí.

> —Miguel Moya y Valdés —dijo él.

Miguel era un hombre de mediana estatura, de unos cincuenta años, más rubio que yo, y con ojos claros, que oscilaban entre el azul y el verde, de acuerdo a como variara el color del cielo o del agua.

> —Vimos a La Lolita doblar el cabo, luego a un hombre tan alto en ella, y dijimos: «Ese no es de aquí.» —señaló Miguel sonriendo.

> —Soy de Batabanó. He trabajado en los muelles como estibador, y también he salido varias mareas a la

langosta y a la esponja —aclaré yo.

—Bueno, yo soy de un poquito más allá, de La Coruña, en España. Pero hace unos veinticinco años que atravesé el Atlántico, y la verdad es que no tengo de qué quejarme, pues aquí me ha ido mucho mejor. Bueno, si no estás apurado, pasa. Hay café —agregó Miguel, y a continuación presentó a su tripulación—: Este es Gildo, pinero, y este otro es Juan Pujols, de La Coloma.

Pasé al otro barco, los saludé a todos con un estrechón de manos, y me senté en la borda mientras que Miguel servía el café en un jarrito y colocaba encima una galleta. Luego tomó una olla pequeña, llena de huevos de carey hervidos, y se acercó diciendo:

—Tú debes comer bastante, así que con esto te sostienes hasta que termine la comida.

Es común entre pescadores de esta zona que cuando se encuentran dos barcos en la mar, se amarren éstos y los tripulantes de uno pasen a bordo del otro para comer, jugar a las cartas, conversar sobre sus faenas habituales, o simplemente para contar historias. Ese día, cuando ya el disco solar estaba a punto de tocar las aguas, Miguel nos sirvió a los más jóvenes un excelente plato de potaje de garbanzos, acompañado de arroz, un bistec de carne de carey y vino blanco. Él se sirvió mucho menos, y limpió su escudilla como todos.

—¡Oiga, Miguel! Esos garbanzos están para *chuparse los dedos*. ¿Puedo saber cómo los hace? —le pregunté ciertamente interesado.

—Bueno, puedes ir chupándote los dedos porque ya se acabaron —respondió él con naturalidad—. No tienen nada de especial, solo un pedazo de tocino y un chorizo, un poco de aceite de oliva, papas, ajo, cebolla, un poquito de comino y sal, que es lo más importante, pues ella le da el punto a la comida. Lo demás está en *la mano del cocinero.*

—Más o menos así los hago yo, pero no me quedan tan sabrosos —comenté.

—Todo en la vida es de práctica. Con el tiempo llega la experiencia, ella te irá diciendo cómo debes hacer todo —sentenció Miguel.

—El primero que yo hice —continuó el peninsular señalando a su plato—, no me lo pude comer. Menos mal que navegaba solo, como tú. De lo contrario los otros marineros me hubieran tirado por la borda.

A pesar del tiempo transcurrido en Cuba, Miguel no había abandonado el habitual siseo que caracterizaba a los naturales de la Península Ibérica, y que muchas veces provoca sonrisas entre nosotros, sus descendientes nacidos en América y que hablamos el castellano con un acento distinto.

El sol desapareció y la noche se hizo presente con todo su esplendor, invitando a la poesía. Así que pasé a La Lolita, y traje mi guitarra para cantar unas tonadas, aprendidas con mi padre, y también algunas décimas que había oído en la finca de Pancho, allá en la Isla Grande. Gildo y Pujols se quedaron impresionados. Miguel, que era de una tierra donde abundaban cantantes, poetas y músicos, escuchó con atención, pienso yo que más para captar el sentido de las letras que el de los acordes de mi instrumento, aspecto en el cual yo debía mejorar mucho. Sin embargo, el firmamento que salpicado de brillantes luces me servía de telón de fondo, la mar en calma, la comida acompañada por el buen vino, y el hecho de que no había otro trovador por los alrededores, me favorecieron.

Dos horas antes de la media noche, Miguel, quien me había hecho varias observaciones importantes sobre la zona en la que nos encontrábamos y de otras del archipiélago, se fue a dormir. Gildo, Pujols y yo nos quedamos un rato conversando. Por ellos supe que su patrón tenía buenas nociones sobre navegación, que conocía muy bien la franja en la que nos encontrábamos —desde Cayo Largo hasta Cabo Cortés—, así como todos los cayos que rodeaban a la Isla de Pinos. También supe que como esa Mar era de plataforma, muchas veces él navegaba guiándose por los fondos con una precisión sorprendente. Por último, conocí que Miguel tenía cinco hijos entre los cuales había cuatro hembras, y que solamente una de ellas se había casado.

Cuando se acercaba la media noche, pasé a La Lolita, pero no me acosté abajo, donde debido a mi estatura me resultaba un tanto incómodo, sino en cubierta, porque no hay cama más excelente que esa: un pequeño barco de pesca que se mece suavemente al compás de las olas, bajo un cielo estrellado, con la luna en cuarto creciente. Si alguien puede asegurar que conoce un sitio mejor es porque ha visitado el Olimpo. Aún así, yo me quedo con mi acunado bajel, la suave música de las olas, el firmamento lleno de palpitantes luminarias y su reina a medio vestir.

Dormí a pierna suelta, con mi torso protegido solo por una camiseta y la camisa enguatada que me regalara mi madre la primera vez que me fui a la mar. A pesar de que mi sueño fue profundo, tuve todo el tiempo presente en mi mente la imagen de un hombre vestido con pantalón oscuro, botas altas, camisa blanca con mangas holgadas, un pañuelo de colorines en la cabeza, y una pipa en los labios, que solo apartaba de ellos para contar sus aventuras por aquellos marcs. No pude entender sus palabras, pues no hablaba en castellano, mas comprendí en esencia de qué se trataba, y que yo también tendría episodios emocionantes siguiendo su estela.

El amanecer me trajo a Gildo, con un jarrito de café caliente y dos galletas emparedando un bistec de carey. Luego de desperezarme, desayuné y me puse en actividad. Primero llené una botella de vino de mi barril y se la pasé a Pujols para que se la entregara a Miguel. A la pregunta de si eran fumadores, los dos jóvenes asintieron, pero su patrón respondió:

—Yo masco tabaco, no lo fumo.

A mi cara de asombro mostró él una sonrisa donde sobresalía una dentadura brillante e intacta, algo inusual en un pescador, al menos en los que yo conocía. De modo que lié dos cigarrillos a cada uno de los jóvenes y envolví en un trozo de papel un poco de tabaco para Miguel. Antes de zafar el cabo para separar los barcos, le pregunté:

—¿Tiene garbanzos todavía? También traje frijoles blancos.

—Todavía hay garbanzos, pero cuando compramos los víveres no me fijé y olvidé los frijoles blancos.

—Trae una olla —dije mirando hacia Pujols.

Este bajó y salió con rapidez a cubierta con una cacerola en sus manos. La llené de frijoles blancos y se la devolví. Luego, retiré el cabo y dije a manera de despedida:

—Que tengan una buena marea.

—Lo mismo digo —replicó Miguel, y agregó—: Ese barquito camina bien, aunque tiene un poquito cargados los fondos.

—Cuando regrese, yo mismo los reparará y pintaré —expliqué.

Desplegué mis velas y me dirigí al Noreste, hacia los cayos de Alacranes, en los que nunca antes había estado. Era una mañana fresca y con buen viento, que me dejó dar la vuelta por los citados cayos y volver hacia el Oeste-Noroeste, por Los Mangles, que, como su nombre lo indica, están rodeados de ese tipo de vegetación, por lo que se debe navegar con sumo cuidado para no encallar en los bajos. Continué por Cayo Campito hasta llegar al Cayo de la Pipa, que dentro de ese grupo era el que estaba situado más al Norte. Solo me había comido unas galletas con carne salada al mediodía, para no detenerme, así que fondeé al sur de este último, a dos horas de que el sol se hundiera en el agua, para cocinar y pasar la noche.

A las cinco de la tarde ya estaba saboreando los frijoles blancos, con una rebanada de pan, unos trozos de carne y medio jarrito de vino. Dejé la visita al cayo para el día siguiente, a fin de reposar tranquilamente la comida. Cuando el sol comenzaba a penetrar en el agua, tomé mi guitarra y me dispuse a mejorar la música de las canciones que guardaba en mi memoria, esperando a un tiempo que me llegara la inspiración para componer una décima propia. Pero esa noche el sueño llegó temprano, quizás porque había navegado desde que despuntó el día, a lo que se sumó la digestión, el fresco nocturno, el balanceo del barco, y la cómoda posición, sentado con mi espalda recostada en la colchoneta apoyada en el palo. Hasta el hombre de la camisa blanca y el pañuelo de colorines estuvo ausente de mi sueño, quedando a cargo solamente Morfeo.

Antes de rayar el alba ya estaba despierto y colando el café. Luego del desayuno, que hice bien fuerte pues había dormido cerca de nueve horas, me dispuse a bajar al cayo, lo que hice con los primeros rayos del sol. No me tomó mucho tiempo la exploración, y como no encontré detalles de interés, pues su vegetación era similar a la de sus vecinos y a la de otros que yo había visitado, antes de las nueve había regresado. Desplegué la vela y me dirigí hacia los Alacranes.

Tenía un mapa de la zona que me habían facilitado las autoridades del puerto en Batabanó, pues yo había navegado siempre mucho más al norte de la Isla y no quería perderme en aquel laberinto de islotes. Aunque una brújula siempre es necesaria, había aprendido a ubicarme por las estrellas, el sol y, en caso de urgencia, por la posición de los cayos. También podía calcular las distancias teniendo en cuenta determinados puntos de referencia. De modo que deduje que al mediodía podría estar fondeando en el último de los cayos de Alacranes, por el Este. Y así fue, por lo que me sentí satisfecho de aquel pequeño triunfo, en mi segundo día de navegación en solitario.

Después del almuerzo, tuve la intención de continuar hasta los Cayos de la Manteca, pero el viento cambió de improviso hacia el Noroeste, y decidí esperar un mejor momento, sin embargo, durante buena parte de la tarde el aire se mantuvo en la misma dirección, por lo que opté por mantenerme tranquilo. Para seguir activo, bajé a tierra, con tan buena suerte, que casi de inmediato tropecé con una caguama a punto de entrar en el agua. Corrí hasta el bote, tomé uno de los remos y regresé para voltearla. Era la primera vez que lo hacía solo, mas me resultó fácil, pues se trata de un animal prácticamente inofensivo y que no tiene defensa alguna cuando se encuentra patas arriba.

Como había llevado suficiente sal, pude conservar gran parte de la carne, y en la tarde acompañé los garbanzos con dos buenos filetes de caguama. Esa noche dormí plácidamente, al igual que las dos anteriores, si bien en las últimas horas de la madrugada tuve que guarecerme bajo cubierta debido a una fuerte llovizna, que presagiaba una mañana más fría de lo habitual.

Fue un amanecer con cielo gris y mucho frío, pero con buen

viento del Noroeste, lo que me permitió dirigirme hacia los Inglesitos, situados al Sur, bordeando los mismos por el Este. Antes del mediodía ya pasaba El Navío y avistaba El Triángulo, donde poco después anclé para almorzar. No continué navegando por el resto del cayerío situado al Sur y el Suroeste pues el cielo seguía encapotado, con lloviznas esporádicas, que me impedían ver el fondo. Como no conocía esa zona, temía encallar, por lo que decidí permanecer en el mismo lugar para regresar al Norte a comenzar mi trabajo, dejando el resto de la exploración para la próxima marea.

Quince días después regresaba a puerto con una buena cantidad de esponjas. Luego de descargar y hacer la liquidación con el señor Guzmán, me di a la tarea de reparar La Lolita, para que estuviera lista para la próxima marea.

III

BORDEANDO LA ISLA PEQUEÑA

Una semana después ya había reparado mi barco y estaba de nuevo navegando, esta vez hacia el Sureste de la Isla de Pinos, pasando por los cayos Triángulo, Punta Arenas, Campo, y llegando hasta Cayo Cantiles, más al Este. Me había servido del mapa, pero más que nada, de los detalles que acerca de los fondos en esa zona me dio Miguel Moya, con quien me encontré antes de partir. En Cantiles estuve fondeado dos días, fríos y grises, esperando a que el tiempo cambiara, pues había fuertes marejadas que hacían muy riesgoso moverse en medio del Archipiélago de los Canarreos, pues se podía encallar fácilmente.

Frente al extremo noroeste, donde se me ocurrió fondear al terminar de bojearlo, sucedió algo muy curioso y excitante: en las noches escuchaba gritos airados en idiomas que no conocía, el ruido de las cadenas cuando son arrastradas, y también podía ver luces extrañas que se movían en todas direcciones. Sentía el ambiente muy cargado. En varias ocasiones los escalofríos estremecieron mi cuerpo, y no precisamente por las bajas temperatura. Nunca había sentido o visto nada parecido. Entonces recordé que los pescadores de Batabanó me habían hablado en más de una ocasión sobre el Cayo de los Muertos, donde aseguraban que sucedían cosas muy extrañas. Yo puedo afirmar que tenían mucha razón en lo que decían. En aquella pequeña isla debían de haberse producido peleas entre los filibusteros, hombres de fuerte carácter, dispuestos a matar a la menor provocación, y a los que sus jefes se veían obligados a disciplinar «a tiro limpio». Brindé por aquellos espíritus que no habían alcanzado la paz en vida y me acosté, como siempre, en cubierta. No constituía un desafío, mas no estaba dispuesto a dejarme intimidar. Además, estaba mi amigo de la camisa blanca y el pañuelo en la cabeza, quien seguramente se las entendería con ellos. Lo cierto es que durante la segunda noche, aun cuando escuché y vi lo mismo que en la anterior, no sentí estremecimientos. Por si fuera poco, cuando inicié el regreso, el timón se trabó y tuve que darme varios baños de agua helada hasta lograr liberarlo. Son los gajes del oficio de marino, en el que la libertad y la belleza inigualables que se disfrutan, se pagan con el rudo trabajo y el peligro.

Esa marea no fue buena. Después de veinticinco días tenía la mitad de las esponjas de la primera vez, pues el sol se dejó ver pocas veces y el oleaje fue casi constante. Regresé para comprar víveres y hacerme de nuevo a la mar. En esa época lo más importante para mí era navegar para explorar la isla y su cayerío. Como no poseía un barco propio, necesitaba trabajar como pescador, y de esa manera ganaba lo suficiente para vivir honradamente, a la vez que aprovechaba para navegar.

En la tercera marea me fue mucho mejor. Navegué hacia el Norte, más allá de Cayo del Hambre, hasta Ensenada de Majana, y después de largas faenas y muchas zambullidas, saqué una buena cantidad de esponjas. El tiempo había mejorado, sin embargo eso no significaba que el invierno hubiera terminado, pues comenzaba el mes de febrero, posiblemente el más frío de todo el año.

Navegué con buen viento y rumbo al Sur-Suroeste, hacia La Pipa, donde pasé la noche. A la mañana siguiente, continué en la misma dirección hasta llegar a Punta de los Barcos, en la costa norte de Isla de Pinos, a unas nueve millas de distancia aproximadamente de La Pipa, lo que representa unas dos horas y media de camino cuando hay buen viento. Allí me detuve una hora para comer algo, pues se acercaba el mediodía. Siguiendo la línea de la costa, cubierta de mangle prieto y colorado, de uvas caletas e hicacos, navegué unas diez millas hasta la punta llamada Buenavista. Llegué casi al caer la tarde. En ese lugar, que se encuentra el extremo más occidental, hay una playa de arenas blancas, antes de Punta Francés, en el Sur. Anclé y pasé la noche, que fue bastante fría.

A la mañana siguiente, cambié el rumbo para dirigirme al Oeste, hacia Cayo los Indios, donde descansé durante dos días, los que aproveché para recorrer la delgada franja de tierra que se extiende de Noroeste a Sureste por varios kilómetros, y hacer un pequeño horno para carbón con ramas de llana, lo que había aprendido de los pescadores del sur de La Habana y La Coloma. Regresé por el mismo rumbo hasta Punta de los Barcos, y desde allí, bordeando la costa, hasta Nueva Gerona.

El dueño de La Lolita se mostró satisfecho con mi trabajo, pero me hizo saber que estaba al tanto de mis movimientos, pues, por otros pescadores, había conocido de mi viaje por Cantiles. Supuse que me habrían avistado cuando me encontraba ocupado reparando el timón, pues soy muy observador y me hubiera percatado de la presencia de cualquier navío que se moviera por las proximidades. Yo no sabía que en esos años solamente había tres barcos dedicados a la pesca en Nueva Gerona, pues de lo contrario hubiera sabido de inmediato quién navegaba como yo por los cayos situados hacia el Este.

—Quería probar como caminaba La Lolita, y de paso conocer la zona por donde no he navegado antes —dije a modo de justificación, aunque todo indicaba, por su tono, que Guzmán no estaba preocupado por mis movimientos.

—Bueno, por esos cayos debes moverte con cuidado y preferiblemente al norte de ellos. Por el sur están los arrecifes. Además, debes tener cuidado en Cantiles. En las noches, en la punta oeste de ese cayo se ven y se oyen cosas muy extrañas. Por eso le llaman el Cayo de los Muertos.

—Miguel Moya me dio muchos detalles sobre los fondos que me sirvieron para sortear los obstáculos. En cuanto a lo demás, estuve dos días en Cantiles, y puedo confirmar lo que me acaba de decir. Parece que por allí rondaron en otros tiempos los piratas.

—Veo que no pierdes tu tiempo —señaló Guzmán mostrando una amplia sonrisa—. También me dijo Miguel que teníamos un bardo a quien le gustaba mucho la mar —agregó.

—Bueno, aprendí algunas notas con mi padre, y otras cosas con unos campesinos cantadores de allá.

—Aquí seguro vas a tener ofertas para coplas y serenatas. No hay teatros, ni circos, y todos necesitan algo para escapar del trabajo y las penas.

—Cuando no esté navegando, me pueden buscar en las casitas de alquiler que están al lado de la bodega del galleguito —le aclaré por si ya había alguna oferta en el aire.

—Hasta ahora, tú has puesto los pies en tierra solo para

comprar los víveres —objetó Guzmán.

—Pero si hay fiesta en el ambiente, me quedo —aclaré.

Esa misma noche fui a parar a casa de Gildo, que era muy modesta, pero en la que abundó el puerco asado, los chicharrones, la carne de res, el enchilado de langostas y el pargo frito, entre otros manjares que el anfitrión puso a la mesa para sostener a los presentes, algunos de ellos pescadores, otros agricultores, acompañados por sus familias, al parecer ávidos por conocerme y deseosos de pasar un buen rato. Todo lo que estaba en las mesas era acompañado con el buen vino español, la cerveza y el ron cubano. Como cuando llegué había otro trovador presente, quien tenía una guitarra en sus manos y cantaba algo, luego de las presentaciones, le indiqué con un gesto que continuara, pero él se negó rotundamente señalando hacia mí y diciendo en voz alta:

—El visitante primero.

De modo que no tuve otro remedio que arriesgarme y cantar. A mi favor estaba el hecho de que desde niño era inclinado a relacionarme con los demás, que me gustaban las coplas, el baile y las serenatas, y que los que me escucharon esa noche no eran entendidos en cuestiones de música. Pero, sobre todo, me inspiró el rostro de aquella joven del que sobresalían un par de ojos, que a la luz de los faroles y quinqués se veían almendrados, con su nariz recta, perfecta, y unos labios divinamente delineados. Después supe que se llamaba Emilia y que era una de las hijas de Miguel, quien también se encontraba en el guateque.

Casi al amanecer, cuando se había agotado mi repertorio de canciones y décimas, y también el de mi segundo, así como el de chistes, aunque en esto último tuve competencia del resto de los que estaban presentes, que no se quedaban detrás cuando de cuentos picarescos se trataba, se dio por terminada la fiesta, y Gildo me acompañó hasta mi casita de alquiler. Trataba él, al tiempo que oscilaba de un lado a otro, de arrancarle algunas notas a mi guitarra, mas en medio de su embriaguez solo logró aflojarlas. Al final tuve que traerlo de vuelta, y al hombro, pues en cuanto llegó a mi casa y tomó asiento, se quedó dormido. Su mamá había colado café, por tanto, después de que lo acostamos, me tuve que quedar a desayunar con ella y con el otro Gildo, su esposo.

Ya eran más de las siete cuando regresé a la casa, pero como no tenía sueño y la musa me acompañaba, me senté a escribir algunas décimas, pensando en la próxima invitación, que no se hizo esperar, pues esa misma noche tuve que ir de nuevo a casa de Gildo, para repetir mis canciones, varios de los chistes, y, sobre la marcha, mejorar las décimas que había escrito en la mañana para que la rima fuera más aceptable. Aquel público era el mejor de todos los que me había encontrado, y todo cuanto canté o recité fue muy bien recibido. Me sentía dueño y señor del improvisado escenario, dispuesto a trasnochar una semana sin pedir tregua.

El jolgorio concluyó cerca de las tres de la madrugada, y otra vez me acompañó Gildo, «más muerto que vivo», aunque debo reconocer que esta vez fue capaz de sostenerse por sus propios pies, si bien no sabía por dónde iba y me vi obligado a regresar con él, para que no amaneciera en el portal de alguno de los vecinos. Después del desayuno, como siempre en la casa del anfitrión, me fui a mi morada y dormí toda la mañana, y hasta algo pasado el mediodía.

En la tercera jornada de guateque pude comprobar que no había bajas entre los espectadores, pero sí nuevas caras, lo cual me gustó mucho y me dio más confianza. Debo reconocer que mi segundo, quien respondía al mote de Pipo, acopló su voz a la mía y logramos cantar varias de las canciones teniendo por respaldo un coro de los presentes, algo desafinado pero impetuoso, que nos apoyó con entusiasmo. Luego vino la sección de chistes, que se extendió de nuevo hasta la madrugada, y que tuvo como ingrediente adicional a una de las vecinas, ya con varios años más allá de los sesenta, que se orinó en plena sala mientras reía a más no poder.

Después de esa tercera noche los espectadores decidieron darme un descanso, para reponer mi voz, así como los abastecimientos. Además, se tomó el acuerdo de que las mayores de sesenta años trajeran cada una su urinario, para evitar trabajos desagradables a los anfitriones.

El descanso se prolongó por dos días, en los que preparé el avituallamiento necesario para mi próxima marea. Mientras anotaba todo lo necesario, y tachaba lo ya adquirido, intentaba no pensar en la joven de los ojos color de almendra, perfil griego y divinos labios, que respondía al nombre de Emilia, con la que no había podido intercambiar más que un simple saludo, pues sus hermanas no se alejaban de ella, y Miguel siempre se mantenía muy sereno hasta que todo terminaba. Mas yo sospechaba que el único hermano varón de mi enamorada, llamado Rafael, estaba de mi lado, pues miraba de vez en cuando hacia ella y luego hacia mí, y se sonreía, evitando que su padre le viera el rostro en esos instantes.

Al finalizar el segundo día de tregua y cuando estaba por acostarme, decidido a salir a la mar al día siguiente, se presentó el mismo Miguel Moya a buscarme, quien una vez dentro de la casa, y luego de los saludos de rigor, tomó de encima de la mesa mi guitarra y alargándomela me dijo con mucha decisión:

—Vamos para mi casa, que la gente te está esperando.

No creo que sea necesario explicar por qué no se me ocurrió negarme. Sencillamente tomé una camisa y seguí a Miguel hasta su casa, dos calles más allá de la de Gildo, quien, por supuesto, también se encontraba entre los presentes, con mamá y papá incluidos. Creo que el único ausente era Pipo, a quien le habían sacado dos muelas unas horas antes y no podía siquiera articular palabra.

Ni que decir tiene que esa noche me esmeré como nunca antes, y no es que yo sea buen cantor, sino que logré algo más de armonía entre música y letra, así como que mi voz fuera más pausada y melódica, especialmente si se trataba de una canción de amor. No canté con mis ojos puestos en Emilia, lo cual podría ser interpretado como algo indecoroso, sino que puse el alma en cada tonada, a las que al final agregaba este estribillo: «y que Dios ponga en mi camino a mi enamorada». También canté las décimas de El Cucalambé para Hatuey y Guarina, que se refieren a su despedida, y que comienzan así:

> Con un cocuyo en la mano
> y un gran tabaco en la boca,
> un indio desde una roca
> miraba el cielo cubano.
> La noche, el cielo y el llano
> con su negro manto viste,
> el viento alígero embiste
> tiemblan del monte las brumas
> y susurran las yagrumas
> mientras él suspira triste.
>
> Lleva en la frente un plumaje
> morado como el cohombro,
> y el arco que tiene al hombro,
> es de un vástago de aicuaje.
> Aunque es un pobre salvaje
> y angustia cruel lo sofoca,
> desde aquella esbelta roca
> donde gime sin consuelo,
> los ojos fija en el cielo
> y a Dios con su ayuda invoca.

Oye el rumor de los vientos
en los atejes erguidos,
oye muy fuertes crujidos
de los cedros corpulentos,
oye los tristes acentos
del guabairo en el corojo,
y mientras su acerbo enojo
reprime con gran valor,
siente a los pies el rumor
de las aguas del Cayojo.

Un silbido se escapó
de sus labios, y al momento,
con pausado movimiento
una indiana apareció.
Cuando la roca subió
el indio ante ella se inclina,
fue su frente peregrina
el imán de su embeleso,
oyese el rumor de un beso
y le dijo: Adiós Guarina.

Son más estrofas, pero no las recuerdo todas, pues ya mi memoria no es tan buena como cuando era joven.

Emilia nunca me dijo si se había percatado de que esa noche cantaba solo para ella. Siempre fue muy reservada en esas cosas. Yo jamás se lo pregunté, pues estaba seguro que lo había comprendido.

No hubo ningún percance entre las mayores de sesenta, a pesar de que algunos de los chistes fueron fuertes, y ya cerca de las cuatro de la madrugada se dio por concluido el guateque. Miguel no permitió que me fuera sin desayunar, y luego me acompañó, llevando mi guitarra, mientras yo cargaba al hombro a Gildo, como el guajiro que le encargara un pantalón al sastre. Antes de llegar a mi casa, me dijo que ese mismo día se haría a la mar, y yo, ni corto ni perezoso, le dije que yo tenía pensado hacerlo también, pues ya había preparado todo lo necesario anteriormente.

Miguel era un hombre muy serio, aunque le gustara divertirse como a cualquiera, y yo no estaba dispuesto a quedarme en tierra conociendo directamente por él que se iba a la mar. Él tenía cuatro hijas, y me imaginé que estaba al tanto de mis sentimientos en cuanto a una de ellas, a pesar de que yo trataba de disimularlo todo el tiempo. Su experiencia era mayor y, por eso, de una manera muy inteligente, aunque dicen que los gallegos son brutos, me había sugerido que partiéramos.

Dejé el sueño para más tarde, y en cuanto Miguel regresó a su casa, me llevé todos los víveres para La Lolita. Con los primeros destellos del sol estaba surcando las aguas del río Las Casas en dirección a su desembocadura. Fui directo hacia Cayo Redondo, a donde llegué dos horas antes del mediodía. Pensaba pasar la noche allí y luego continuar más al Norte a buscar esponjas. Anclé y me puse a preparar el almuerzo, para descansar en la tarde bajo un toldo que había hecho con un pedazo de lona adquirido dos días atrás. Hubo mucha brisa y descansé sin interrupción hasta que el sol estaba a punto de ponerse por el horizonte. Luego terminé con el resto del potaje de garbanzos y el arroz, a lo que agregué unas galletas con carne salada y mi jarrito de vino tinto.

En la noche, como era habitual, dormí bajo las estrellas, cuyo mar de luz era atravesado por la novia del astro rey. Para suerte mía, me acompañó también la preciosa imagen de una diosa con pelo nacarado, ojos almendrados y boca sin igual, que se mecía a mi lado al compás de las olas, cual sirena que velara mi sueño. Nunca antes me había sentido tan prendido de una mujer, como no fuera de Pastora Lamar. Era el caso que el rostro de mi amada se había grabado en mi mente de tal forma, que tenía la impresión que estaba presente en todo momento y lugar. Incluso, actuaba yo como si ella fuera juez de mis acciones y pensamientos, por lo que analizaba en mi fuero interno cada movimiento o acto a realizar, teniendo en cuenta lo que ella pudiera decir o creer.

Uno se acostumbra en la mar a la presencia de Dios, quien no juzga ni critica, que nos deja en libertad de elegir, aunque sepa de antemano que vamos por mal camino, y que escucha impávido como le maldecimos, culpándole cuando no logramos lo que queremos, o pidiéndole cuentas en el momento de la desgracia. Pero con una mujer es muy distinto. Se deben medir bien los pasos desde el inicio, porque todo puede quedar confuso para ella, y si no lo entiende desde su compleja psicología, es capaz de crear ante nuestros ojos una niebla que nos impida encontrar el camino para conquistarla. Teniendo en cuenta esa circunstancia, así como el hecho de haber conocido primero a su padre, decidí no apresurarme. Era más prudente dejar que los acontecimientos se desencadenaran lentamente, para que todo sucediera en su momento, y no antes, pues no estaba dispuesto a dejar que ese amor quedara en un simple sueño.

A la mañana siguiente, viendo que el viento era fuerte del Norte-Noroeste, decidí comenzar el bojeo de la Isla. Me sentía ágil, dispuesto a enfrentar el reto. Así que me dirigí al Suroeste al rayar el alba, a Punta de los Barcos, que se encontraba a unas seis o siete millas, y algo más. Sobre las diez y media bordeaba el citado punto. Mientras comía unas galletas con carne salada para no detenerme y perder tiempo en almorzar. Continué pues, como en la marea anterior, siguiendo la línea de la costa hasta llegar a la playa de Buenavista, a unas diez millas. No pude soltar el timón ni un instante, pues el viento, casi siempre desde el Noroeste, me obligaba a ir dando bordadas para mantenerme suficientemente alejado del litoral. Doblé hacia el Sur-Sureste, buscando Punta Los

Indios, a donde esperaba llegar antes de que anocheciera, apoyado en el fuerte viento de popa que hinchaba los paños haciendo que la proa de La Lolita hendiera las aguas como un afilado cuchillo. La suerte me acompañó en esas cinco millas finales y antes del anochecer avistaba mi destino, aunque no me arriesgué a acercarme demasiado. Aprovechando lo que quedaba de luz, busqué un lugar adecuado y lo más cercano posible de la costa. Arrié las velas, lancé el ancla, y me dediqué a preparar la comida. El viento se fue calmando poco a poco, y ya para las siete de la noche el balanceo era suave, aceptable para cualquier persona, aunque no fuera un marinero.

Esa noche hizo un frío que hacía tiritar al más temerario. A pesar de mi camiseta, la camisa de lana y el abrigo de cuero, más de una vez estuve tentado de bajar de la cubierta, y el nivel del vino descendió en mi barrilito. Terminé poniéndome las medias, los zapatos, y desmontando la lona que usaba para aplacar el sol durante el día. Solo así pude soportar la gélida temperatura. Recordé cómo me arropaba mi madre cuando era un niño, y más de una vez tuve la sensación de que Pastora Lamar estaba pensando en mí en esos momentos, y no dudo que así fuera, porque las madres siempre piensan en cómo les irá a sus hijos cuando hay una situación difícil. Pero más que nada, veía a mi lado a la serena diosa griega, que velaba mi sueño, y creí descubrir incluso una sonrisa en sus labios, algo pícara por cierto, como si me dijera: «Este frío es para los bravos de verdad, no es como tocar la guitarra».

Sí que era puñetero aquel frío. Mas después de cubrirme con la lona mis piernas dejaron de temblar, y pude disfrutar de un cielo con luna nueva, que permitía a las estrellas expandir sus destellos con una pureza tal que era capaz de inspirar al más ilustre de los poetas. Solamente una pequeña nube, salida de la nada, interrumpió la serena noche, recorriendo el firmamento de Norte a Sur, y tras ella llegó Morfeo, para cerrar mis ojos mientras las ondas acariciaban mi barca, balanceándola suavemente y dejándome dormir a placer. Antes de presentarse el alba, ya tenía preparado el café y me dispuse a saborear el néctar; al tiempo que disfrutaba de los distintos colores del amanecer: cuando el negro de la bóveda celeste va cambiando hacia el gris y el azul, a los que se unen el amarillo y el dorado, mientras las estrellas se van apagando, y la mar va pasando paulatinamente del negro al gris, luego al verde, y finalmente a su azul característico.

No dudo que los amaneceres en tierra son también hermosos, y los he visto en muchas ocasiones, pero no son comparables a los que se disfrutan en la mar, en especial si son apacibles. No pude ver al sol salir directamente del agua, ya que había tierra de por medio, pero, aun así, fue un cuadro que me hizo respirar profundo y sentirme más cerca de lo divino, que de lo terrenal.

Disfrutaba de aquella armonía perfecta entre los elementos, cuando sentí que algo se movía en el agua, a mis espaldas, y considerando que podría ser una tonina o delfín, no le di mucha importancia. Pero, unos segundos después, presentí que no era un animal, y escuché a continuación el chapoteo característico de los remos. Extrañado, me volví lentamente. No podía dar crédito a lo que veían mis ojos: un hombre se acercaba en un pequeño bote empujando los remos delante de él, por lo que pude ver con nitidez su rostro sereno, pues el sol despuntaba ya. No le pregunté qué hacía allí, ni a qué venía. Supe de inmediato de quién se trataba y me quedé sin habla. Pasó a dos metros de la borda de estribor mientras me decía: «Descansa en mi paz». Lo seguí con la mirada, mientras él se alejaba hacia el Sureste y desaparecía en medio de la luz. Miré luego a la breve estela que había dejado su paso, y sin pensarlo, metí mi mano derecha en el agua y mojé mi rostro y mi cabeza. Después me puse de pie e hice la señal de la cruz.

Lo que aquí describo no es para impresionar a ninguna persona con apariciones y cosas por el estilo; no vivo de la superchería, sino de mi trabajo. He navegado durante muchos años solo, por mi carácter y porque me gusta explorar tomando mis propias decisiones. Nunca he sentido miedo a otra cosa que no sean los chubascos acompañados de fuertes marejadas, a las mangas de viento y a los tiburones, eventos que he tenido que soportar con entereza en incontables ocasiones, pues la mayoría de las veces «no hay a donde ir». Por tanto, aclaro que este hecho no tiene que ver con la superstición de la que se acusa a los pescadores. A quienes piensen eso les digo que pescadores eran los primeros a los que se acercó Jesús, y que pescadores eran los que recogieron a la Virgen de la Caridad, allá en Oriente. Una cosa es sentir temor en un momento dado, y otra es ser cobarde. Dios no se acerca a los cobardes, porque Él no es amigo del miedo. Por eso espero disfrutar también allá, dondequiera que esté el Reino Celestial, de esos amaneceres con los que me he maravillado en la mar.

La brisa era suave, fresca, pero suficiente para mover mi pequeño bajel, así que me dispuse a aprovecharla de inmediato. Para ello desayuné muy ligero: solo un par de galletas acompañadas de un pedazo de carne salada, y a continuación desplegué las velas, tomé el timón y puse rumbo al Sur-Sureste. Bordeé la Punta Los Indios y continué con el mismo derrotero, adentrándome en la Ensenada de la Siguanea, en compañía de dos delfines que se empeñaban en llamar mi atención saltando frente a la proa o simplemente escoltándome, uno a estribor y el otro a babor. La Lolita se deslizaba suavemente sobre las aguas, sin prisa, mientras yo continuaba deleitándome en esa paz del Señor. Nunca más he navegado en aguas tan tranquilas, ni con tal placer.

Poco antes del mediodía avistaba una playa cuyas arenas se veían rojizas. Me acerqué a media milla, comprobando que las aguas allí eran límpidas como pocas, lo que significaba que no era un lugar muy visitado a pesar de su belleza. No obstante, un hombre y una mujer caminaban por la orilla. Al verme, me saludaron agitando sus sombreros de un lado a otro. Me acerqué un poco más, recogí las velas, lancé el ancla y tomé la chalana. Remé hasta la orilla, donde ellos me recibieron sonrientes y ansiosos.

Era un matrimonio de norteamericanos, que hacía pocos años vivían en la Isla, y que, como a mí, les encantaba explorar, aunque en su caso no eran muy amigos de navegar, sino más bien de recorrer los campos y bosques para descubrir los rincones hermosos —incluyendo algún tesoro escondido—, disfrutar del fresco bajo los pinares, de la brisa marina y del sol. Tenían una pequeña finca en el norte y se dedicaban al cultivo de la toronja. Conversé durante un buen rato con ellos, mientras caminábamos por la arena, y luego bajo unos cocoteros, donde tenían una mesita desmontable con sus pertenencias. Hablaban el castellano con ciertas dificultades, pero nos entendimos a la perfección. Me brindaron un jugo de toronjas acompañado por un bocadillo, y quedé con ellos en ir a visitarlos en el verano, promesa que cumplí años después.

Regresé a La Lolita, levanté el ancla y solté de nuevo las velas. Me alejé un tanto de la playa y continué mi viaje con el mismo rumbo. Pronto dejé atrás las arenas rojizas, y sobre la una de la tarde, ya divisaba con claridad la línea de la costa que se delineaba en dirección Sur-Suroeste, lo que indicaba que ya comenzaba «la punta del zapato», que era como a mí se me antojaba decirle a la península situada al sur de la Ensenada de la Siguanea.

Cuando estuve a menos de una milla, busqué un lugar adecuado para fondear, dando varias vueltas para evitar cualquier banco de arena o algún cabezo, que es una roca grande que se encuentra en el fondo, cerca de las costas, pero cuya parte superior suele estar muy cerca de la superficie, pudiendo ser punto de salvación para un nadador cansado, y al mismo tiempo, un peligro para una embarcación pequeña como la mía cuando se acerca demasiado al litoral. También eso me permitiría salir a navegar en la mañana siguiente sin tropiezos. Una vez que encontré el mejor lugar, anclé y me puse a preparar algo de comer, pues no había ingerido alimentos desde el bocadillo que me brindaran los americanos. Fue también un atardecer apacible y muy hermoso.

Terminada la comida, me senté con mi espalda recostada en el palo, mirando al Oeste, mientras se deleitaba mi paladar con los frijoles blancos. Mis ojos se fijaron en el crepúsculo, ese momento en el que las luces del día que termina se mezclan con las de la noche que llega, y dejé volar con toda libertad mis pensamientos. Minutos después, tomé lápiz y papel, medios de los cuales siempre me encontraba bien provisto, porque me gusta la poesía, aunque no soy poeta, y me dispuse a escribir una décimas sobre esos instantes divinos en los que, seas noble o plebeyo, inculto o ilustrado, el alma queda en suspenso ante esa belleza excepcional con la que los hombres se complacen desde que vivían en las cavernas, y que desde esos remotos tiempos continúa siendo un misterio que nos hace respirar hondo y sentirnos tan pequeños ante la inmensidad del mundo. Lo que sigue es el resultado de la gracia que recibí en ese día dichoso, porque se puede ser bienaventurado con muy poco, si sabemos apreciar en su justa medida lo que tenemos.

ATARDECER

Grises, blancas y rojizas
se tiñen allá a lo lejos,
las nubes con los reflejos
de la luz que ya agoniza.
La noche cual pitonisa
extiende su capa bruna,

para que en ella la luna
coloque su rostro hermoso,
y a este marino celoso
le arrulle en su suave cuna.

Sobre las ondas difunde
una tenue luz dorada,
anunciando a su morada
que en su lecho ya se hunde.
Es el sol que ya se funde
con su amada en un segundo,
beso que impulsa a ese mundo
que quiero darle a mi esposa,
mujer con perfil de diosa
que a mi nave marca el rumbo.

Llega hasta mí suavemente
acariciando mi cuerpo,
haciendo vibrar el verbo
que ya se agita en mi mente.
Me seduce gentilmente
me hace descansar del día,
toma mi mano y me guía
a través del firmamento,
mientras aguardo el momento
en que su alma sea mía.

Ya la tarde languidece
cual breve cresta de espuma,
y se asoma allá la luna
mientras mi barca se mece.
Al Oeste se oscurece
la luz que viene del Este,
pintado ha quedado éste
de morado y carmesí,
y en mis pupilas yo vi
brillar el manto celeste.

> Cada día este milagro
> quiero poder admirar,
> pues me quiero consternar
> con ese espléndido cuadro.
> Cuando mis ojos yo abro
> y al firmamento lo veo,
> no aspiro a más pues poseo
> lo que llena el sentimiento,
> y cree Señor que lo siento
> cuando llega el dios Morfeo.

La noche se cerró cuando terminaba estas décimas. Entonces tomé mi guitarra y comencé a cantarlas para comprobar si los versos rimaban. Aunque el frío aumentaba a medida que se acercaba la madrugada, no le hice mucho caso, pues mi atención estaba centrada en la poesía, a la que me incitaba el armónico y brillante cielo que me rodeaba. Poco a poco me fue venciendo el sueño, al que me entregué después de ponerme medias y zapatos, y cubrir mi cuerpo con el toldo.

El amanecer fue igualmente hermoso, con cielo despejado, lleno de colores a medida que la claridad del día se hacía presente, y como todavía me quedaba algo de inspiración, le dediqué estas décimas.

AMANECER

> Aún la mar enamorada
> mece a mi bajel dormido,
> y a mi buen Señor le pido
> que no llame a la alborada.
> Mas chispa de luz dorada
> surge ya hacia el sol naciente,
> cual grano de la simiente
> que se abre en un segundo,
> y hace girar a este mundo
> que hoy enriquece mi mente.

El alba va despuntando
sin que el sueño se desate,
y la noche aún no se abate
aunque el rey viene llegando.
Sus luces se van quedando
como puntos en papel,
que se pierden en aquel
fondo cambiante y desnudo,
que al hombre le deja mudo
como en torre de Babel.

De amarillo y oro vuela
hacia lo alto en añil,
y de azul queda el atril
con un solo centinela.
Aún no despliego mi vela
cuando el fuego se levanta,
y a las tinieblas espanta
con su fuerte luminaria,
haciendo a la sombra paria
y a mí bardo que le canta.

Y para ti mi alborada,
que me deja en embeleso,
te dedico yo mi verso
como en dulce llamarada.
Mas si allá está mi adorada
mirando el cuadro también,
quiera Dios para mi bien
que su corazón contento,
disfrute de tu portento
y mi amor llene su sien.

Después de desayunar fuerte, esperé a que levantara el sol y comencé a alejarme de la costa con cuidado, por si en el día anterior había dejado de ver algún cabezo o un banco de arena. La brisa se mantenía del Noroeste, pero era suave. De modo que no tuve que dar muchas bordadas para navegar. Aunque se distinguía claramente el fondo, arenoso y salpicado de yerba aquí y allá, lancé la sonda un par de veces para comprobar la profundidad, ya que era una zona que no conocía y de la cual no tenía referencias. Demoré unas seis horas para llegar hasta Cayo Francés, donde anclé y preparé algo para el almuerzo, al tiempo que tiraba la pita para ver si podía coger algún pez para la comida. La suerte no me acompañó, aunque me entretuve un par de horas.

Después del almuerzo decidí levar ancla y dirigirme hacia Punta Francés, para seguir avanzando y pasar la noche allí. Antes de las cuatro de la tarde ya estaba en dicho punto, y me dispuse a probar suerte de nuevo y esta vez «mi buena estrella» vino en mi ayuda: agarré una palometa como de cuatro libras, con la que se podía preparar una comida sustanciosa. Mientras se cocía el caldo, comí un bocado de queso con galletas. Con la llegada del crepúsculo ya estaba saboreando mi sopa de pescado, y luego unos filetes con arroz. La noche era bella, comenzaba el cuarto creciente, y la Vía Láctea cruzaba el cielo de Este a Oeste llenándolo de luz. Había silencio, pues la mar estaba en calma. Sin embargo, la música estaba en el aire, lo que es difícil de entender para quien no ha navegado en solitario. La melodía de la naturaleza es imperceptible si no se ha estado en contacto con ella el tiempo necesario para asimilarla y comprenderla.

No tomé mi guitarra, quería fundir mi espíritu con la admirable noche que me envolvía, pues, ¿quién dice que el hombre está solo en un lugar así? Allí me rodeaba toda la Creación. Su fuerza renovaba las mías, multiplicándolas. Sentía la marea en ascenso que elevaba el barco y tiraba de él hacia el Este y hacia el Norte. Si a todo eso le sumaba un amigo que me daba su paz, más una joven con cara angelical que me aguardaba en la distancia, ¿se puede ser infeliz? El peligro, siempre latente en la mar, queda en segundo plano cuando se pueden vivir esos momentos, y de igual forma ocurre con la riqueza, que el hombre persigue durante su vida, y que al final, la consiga o no, lo convierten en un miserable.

No recuerdo el momento en el que me dormí. Solo sé que todo estaba en completa calma y que la corriente se había detenido, por lo que deduzco que fue durante el cambio de las mareas.

El amanecer fue gris, con algunas lloviznas, lo que indicaba que se avecinaba de nuevo un día frío. A pesar de eso icé las velas y continué viaje con rumbo Sur-Sureste, siempre bordeando la costa. Una hora más tarde avistaba la punta que en el mapa tenía por nombre Lugo. Antes de ese punto se veía una pequeña ensenada, que más bien era una playa, pero no me acerqué, pues aunque se veía el fondo podía haber muchos bajos. Así que mantuve el rumbo hasta que la costa se desvió hacia el Este, y torcí un poco más hacia el Sureste para poner proa hacia Cabo Pepe. Sin embargo, el viento cambió de repente hacia el Norte durante una media hora, y luego hacia el Este. Finalmente se volvió hacia el Norte, por lo que La Lolita perdió mucho impulso. Tuve que comenzar a dar bordadas para aprovecharlo. Un tiburón se acercó, curioso, mas pronto se alejó en busca de los peces a los que habitualmente daba caza. La llovizna se hizo persistente, y como tenía el viento en contra, me empapé por completo. No quería detenerme hasta que llegara al citado cabo, así que me olvidé de la lluvia y del frío y me mantuve al timón, sentado en mi banquito. Una hora y media después llegué a mi destino, arrié la vela y lancé el ancla para almorzar.

Comí un trozo de carne con unas galletas, me tomé un jarrito de vino, y puse en la olla unos frijoles para la comida, ya que el apetito se había desatado en mi vientre producto del frío y del ejercicio. Las lloviznas terminaron momentáneamente y salió el sol, lo que aproveché para cambiarme de camisa y cubrir mi cabeza con una camiseta, porque el sombrero estaba muy húmedo. Puse la lona como toldo y me senté mientras hervía el agua para el café. Poco a poco se fue calentando mi cuerpo, a lo cual contribuyeron la infusión más el calor del fogón. Luego me fumé un cigarro, tratando de engañar al hambre, pero ella seguía aguijoneando mi estómago, por lo que tomé cuatro galletas más y me hice dos emparedados de queso. Mientras calmaba mi voracidad volvió a encapotarse el cielo y continuó la lluvia, obligándome a mantenerme bajo el toldo. Como estaba fondeado y cubierto no me preocupé. Era mi intención quedarme a pasar la noche allí, que seguramente sería muy fría. Una hora más tarde estaba consumiendo un buen potaje de frijoles blancos, bien sazonado con un pedazo de tocino y un chorizo. Casi no dejé nada para la comida, de modo que volví a poner la olla con más frijoles.

Al calor del fogón y con el estómago lleno dormí una pequeña siesta. Cuando comenzaba a descender el sol hacia el horizonte, ya estaba terminado el potaje. Como no tenía deseos de mojarme de nuevo, tomé mi guitarra y me puse a tocar unas tonadas para esperar la noche, que fue bastante fría. Después de comer, tuve que mantener el carbón encendido para sentir algo de calor cerca, ya que las finas lloviznas continuaron hasta que amaneció y la temperatura descendió hasta el punto en que parecía que se congelaría el agua. Me lamenté de que no se me hubiera ocurrido dejar el fogón encendido aquella madrugada en Punta de Los Indios, en la que tirité de frío. Si gastaba más carbón no era muy importante. Podía bajarme en la costa o en cualquiera de los cayos y hacer un horno con la madera de la llana, que abundaba en esos lugares, para volver a proveerme de combustible. No obstante la baja temperatura, dormí bien, y con el sol desplegué mis velas para continuar navegando con rumbo Este, buscando la caleta de Carapachibey, donde se encuentra un pequeño poblado situado a unas siete millas de Cabo Pepe, en el que vivían algunos caimaneros y españoles dedicados a la fabricación de carbón, según me habían informado los vecinos de Nueva Gerona. Tenía el viento en contra, de modo que la travesía demoró cerca de tres horas.

Allí la costa estaba llena de icacos y a lo lejos se divisaban varias palmas barrigonas, características de la Isla de Pinos. Cuando entré en el pequeño puerto, quedé maravillado por los colores que tenía aquel rincón de la naturaleza. Había solo un pequeño bote amarrado al muelle. Me dirigí al caserío. Cerca de él se encontraba un anciano que a juzgar por sus arrugas, pelo completamente blanco y su encorvada espalda debía tener más de ochenta años. Estaba sentado sobre un muro de piedras corroído por el salitre, tomando un baño de sol, por lo que deduje que trataba de calentarse un poco. Amarré la Lolita y salté a tierra.

—Buen día, señor —dije—. ¿Es usted caimanero o pinero?

—Cayman Islands —respondió él.

—¿Mucho frío? —pregunté.

—*Yes*. Ser muy malo para mis huesos.

— ¿Cuántos años tiene?

—Ochenta y cinco.

—¿Aún trabaja?

—Mi ayudar a mis hijos, pero no *today*.

—¿Hay agua fresca?

El anciano indicó con su diestra hacia una caseta de puntal alto, que parecía ser una especie de bar. Busqué uno de los bidones para reservar el agua en La Lolita y bajé de nuevo a tierra, atravesé la estrecha calle y llegué al lugar. El hombre que estaba tras el mostrador era a todas luces un peninsular. Portaba una boina de color negro, una camisa de lana de color blanco, y sobre su oreja derecha tenía un lápiz para las cuentas.

—Buen día, señor —dije yo—. ¿Tiene agua fresca?

Mi pregunta fue respondida con otra:

—¿Eres español?

—No, soy cubano.

—Pues tienes tipo de español, sin dudas —aseguró el peninsular con su característico siseo.

—¿Eres de aquí?

—Nací en Batabanó, en el sur de La Habana.

—Bueno, tuve que pasar por allí para venir hasta aquí —dijo él.

Sus palabras fueron acompañadas de un gesto de su mano derecha indicándome que le alcanzara el bidón que tenía en mi mano izquierda.

—Entre mis ancestros hay muchos españoles, como sucede con la mayoría de los cubanos, pero no tengo el gusto de ser de su tierra —aclaré.

—Bueno, para el caso es lo mismo —dijo él—. Mi nombre es José Pérez y vivo aquí desde hace veinte años.

—El mío es Manuel Palenzuela. ¿Enamorado de esta isla?

—¿Y quién no? —preguntó a su vez José, como el que tiene la seguridad que los que le rodean le darán la razón sin discusión.

Buscó un porrón con agua y comenzó a verter el líquido en el bidón que yo le había alcanzado. Cuando se vació, buscó otro y realizó la misma operación. El segundo porrón también se quedó vacío, de modo que trajo un tercero y un cuarto, hasta que mi vasija quedó totalmente llena.

—Bueno, la verdad es que yo también me enamoré de esta isla desde que vine, siendo un niño —aseguré a mi vez.

—¿Cuánto le debo?

—Nada hombre, el agua es gratis. Por aquí hay arroyos, manantiales y pozos con un agua muy fresca. Siempre tengo, pues los carboneros toman mucha agua, y como éste es el único lugar público al que pueden acudir, lleno quince o veinte porrones, para que todos puedan saciar su sed.

—Gracias.

—Amo a la Madre Patria, como todo español, pero esto es sencillamente un paraíso, lo único difícil aquí es la primavera, que está muy próxima por cierto, por los mosquitos —continuó José—. Pero, ¿qué tierra no tiene algo negativo?

—Seguramente todas tienen algo malo. Aunque no he vivido nada más que en Cuba, lo supongo —dije para abundar, pues se notaba que José era muy conversador.

—Bueno, yo he vivido en España y en Cuba solamente, pero con los ojos cerrados, fíjate, con los ojos cerrados, me quedo en esta pequeña isla para siempre —dijo él con mucha decisión.

—Le doy la razón, yo vine con once años, y quedé tan impresionado que después de que me hice hombre no lo pensé dos veces para regresar a establecerme.

—Bueno, me imagino que eres pescador —se aventuró a decir el peninsular.

—Sí.

—¿Y qué haces por aquí, si se puede saber?

—Me dedico a pescar esponjas, pero decidí darle un bojeo a la Isla de Pinos, para conocerla mejor.

—Sí que tienes de español —aseguró nuevamente José—. ¿Y quiénes son mejores que nosotros en eso de explorar el mundo?

Él mismo respondió la pregunta, como yo esperaba:

—Solo pueden competir un poco los portugueses, que también son españoles en el fondo. Porque se dice que los vikingos, allá en Noruega y Dinamarca, hicieron muchos descubrimientos, pero el que está contrastado es el de Colón. Que si no hubiese sido por él, aún estaríamos luchando con los turcos en el Mediterráneo, o dándole la vuelta al África para buscar las especias.

No tuve otro remedio que reír ante su manera de hablar, pero no dejaba de tener razón en lo que pensaba.

—¿Quieres algo más?

—Deme dos cajas de cerillas, y cinco chorizos de esos que tiene colgados ahí, que se ven muy buenos.

—Y saben mejor aún —comentó José tomando un cuchillo y dirigiéndose hacia donde se encontraban los chorizos.

Cortó los cinco chorizos con destreza, los envolvió en un trozo de papel de manera que ninguno pudiera salirse, y, como todo buen comerciante, me ofreció del resto de los productos que tenía en su tienda:

—Tengo también garbanzos, judías, vino tinto, harina, tabaco, ron. Para mantener saludable ese cuerpo que tienes debes comer muy bien.

—Tengo garbanzos y frijoles blancos, vino tinto también, así como carne salada. Me quedo con los chorizos para echarlos en el potaje. Gracias. ¿Cuánto le debo?

—Siete centavos por todo.

Le entregué el dinero y me despedí diciéndole:

—Bueno, señor José, que tenga un buen día.

—Lo mismo digo, y que tengas buen viaje. Seguro que disfrutarás mucho durante él, porque esta isla es bella, por dentro y por fuera.

Regresé a La Lolita y zarpé nuevamente. Era un tipo agradable aquel José, pero no quería perder mucho tiempo conversando. Esperaba terminar el bojeo antes de una semana, para después navegar hacia el Norte, a la Ensenada de Majana, a pescar esponjas. Como ya se acercaba el mediodía, anclé poco después de abandonar Carapachibey para preparar algo de comer. Puse al fogón unos frijoles blancos, que se ablandaban más rápido que los garbanzos, para no demorarme mucho, y los sazoné con tocino, uno de los chorizos que acababa de comprar, ajos, cebollas, sal y un poquito de comino. Mientras se cocinaban los frijoles me hice una limonada y fui adelantando con un trozo de queso emparedado entre dos galletas. Media hora después estaba almorzando, y acto seguido continuaba hacia Punta de Guanal, aprovechando el viento del Noroeste. Antes, pude ver la caleta que le dicen de Agustín Jol, aunque no me adentré en ella. La costa sur de Isla de Pinos estaba cuajada de mangles, uvas caletas e icacos hasta donde se alcanzaba a ver, con algunas pequeñas playas de arenas blancas, y el fondo era fangoso, casi negro. Me aparté un tanto del litoral para evitar los bajos, aún cuando el agua estaba clara y podía divisarse bien el fondo hasta tres o cuatro brazas de profundidad, porque no era prudente arriesgar.

Dos horas más tarde estaba doblando Punta de Guanal y torciendo al Este-Noreste, hacia Punta del Este. Sin embargo, no pude llegar a este sitio antes del anochecer, por lo que tuve que fondear por un lugar que había oído decir se llamaba Punta Brava, unas tres millas antes de mi objetivo. Era suficiente para un día. Prácticamente había bordeado toda la costa sur en una sola jornada, gracias a que el viento me había sido favorable a partir del mediodía.

Hice una comida fuerte, pues se avecinaba una noche fría como las anteriores. Al potaje de garbanzos agregué arroz, carne, así como un jarrito de vino tinto. Luego rellené la hornilla con carbón para mantener algo de calor en el ambiente y me dispuse a descansar acomodando mi colchoneta en cubierta, junto al palo. Cuando estaba ya acostado se apagó el farol, lo que indicaba que se había acabado el petróleo, pero como la claridad reinante era suficiente para mí, no me molesté en levantarme. No tomé tampoco mi guitarra esa noche, me complacía dormir acompañado por la música que me rodeaba. Poco después me quedé profundamente dormido, supongo que debido al cansancio de todo un día navegando.

Durante mi sueño se presentó mi amigo de la camisa blanca con mangas holgadas y el pañuelo de colorines en la cabeza, quien apoyaba su mano izquierda sobre un pequeño cañón y, a continuación, daba una orden con voz atronadora. Luego todo se llenó de humo y escuché el estruendo de una pelea. Cuando volví a verlo tenía la pipa en sus labios y conversaba con otro individuo de cabellera y barbas ensortijadas, ojos de halcón y una gruesa cicatriz en su mejilla izquierda. Poco después varios fardos de lona eran lanzados al agua con los cadáveres. Finalmente, un hombre alto y rubio como yo, que sostenía un mosquete con su diestra por la culata, manteniéndolo recostado en su hombro, me miró fijamente como si me reconociera, movió la cabeza y sonrió, diciéndome en castellano: «Ya terminó. Tú estás aquí, pero no ahora».

El sueño concluyó con esas palabras. Yo no quería despertar, pues me comía la curiosidad. Aquel hombre se parecía a mi abuelo Antonio Silvestre, a mi padre, y por tanto a mí. ¿Quién era? ¿Qué había querido decirme? Su actitud y manera de hablar eran las de alguien que me conociera de siempre. En cuanto al que capitaneaba la embarcación, el mismo que acompañaba mis visiones desde la primera noche, podía ser cualquiera de los que habían utilizado el territorio pinero para sus andanzas por aquellos mares, desde John Hawkins hasta Pepe el Mallorquín.

La claridad que venía del Este inundó mis párpados y me desperté. Aún quedaban brasas en la hornilla, por lo que la rellené nuevamente con carbón y puse el jarro con el agua para el café. Mientras, trataba de dilucidar el significado de aquellas palabras escuchadas durante mi peculiar sueño. «Ya terminó» era una frase comprensible, que se refería sin dudas a la pelea que había concluido, que podía ser con algún galeón español o entre los mismos piratas. Las palabras «tú estás aquí, pero no ahora» eran algo más complicadas. Podían referirse a que ese era el sitio donde había tenido lugar el combate, pero en otra época. Era imposible confirmar si mi suposición era acertada o no, ya que no podía volver atrás en el tiempo, pero algo me decía que el hombre del mosquete tenía que ver conmigo. Al menos, eso quería creer yo.

Después de desayunar, cuando ya el sol se levantaba, observé con detenimiento la costa, buscando alguna pequeña ensenada o playa en la que pudiera realizarse un desembarco. Luego levé anclas y desplegué las velas. Comencé a moverme en círculos, mientras examinaba el fondo tratando de encontrar los restos de un navío. Como no pude ver algo parecido, me alejé a una milla de la costa y volví a moverme en círculos, que iban aumentando su diámetro poco a poco, mas tampoco logré ver algo similar a un barco hundido. Regresé hacia la costa navegando un poco más al Este, pero el fondo seguía cubierto de fango negro, y ningún objeto sobresalía del mismo. Anclé de nuevo y tomé la chalana, pues era más fácil observar las profundidades desde la misma que desde el barco, debido a que podía tomar el cubo para mirar a través del cristal que tiene sujeto en su base, colocándolo directamente en el agua, como cuando buscas esponjas o langostas.

Durante toda la mañana estuve revisando aquella zona, aprovechando que la mar estaba en calma y que la temperatura era baja, por lo que el ejercicio no me hizo sudar demasiado. Para no quedarme con dudas, desembarqué, abriéndome paso entre los manglares. Buscaba un claro, las ruinas de alguna choza, cualquier indicio de que por allí se produjera en el pasado un combate o el asentamiento provisional de los aventureros, pero no lo encontré. Quizás eran muchos los años transcurridos, aunque El Mallorquín había recorrido aquellos mares a principios del siglo XIX. Algo cansado, regresé a La Lolita, mas no levanté el ancla, sino que preparé algo sencillo para almorzar, puse el toldo y me recosté un rato. No estaba dispuesto a irme así como así. Aunque para muchos un sueño es un sueño y nada más, para mí tenía un significado muy distinto. Todo había sucedido rápido, como en la mayoría de esos casos, pero mi visión de los hechos y de las personas era muy diáfana, por ello consideraba que no era bueno continuar el viaje sin revisar la zona hasta donde me fuera posible. Tenía víveres suficientes, agua, y podía rondar por allí durante un período más o menos largo. Por eso me gustaba navegar en solitario: no me veía obligado a consultar con otro hombre acerca de lo que era más adecuado hacer. Tomaba una decisión y punto. Si hubiese otro a bordo podría pensar que aquello era una tontería, y mi búsqueda una pérdida de tiempo.

Cerca de las cuatro de la tarde levé el ancla y realicé otra exploración, alejándome aún más de la costa. Fue inútil. Antes de que el sol entrara en el agua por el Oeste, fondeé en el mismo lugar y luego de echar petróleo en el farol, puse la olla para cocinar un potaje de garbanzos. Mientras tanto, me tomé una limonada y comí unas galletas con chorizo —el queso se había terminado—. El potaje lo acompañé con carne, arroz, galletas y vino. Cuando estuve satisfecho, puse el farol en la proa y me senté junto al palo a recrearme con las luces del firmamento.

Mi imaginación volaba al pasado. Estaba convencido de que mi sueño tenía que ver con la realidad, y que donde me encontraba debía haber sucedido algo extraordinario. Desgraciadamente, no había encontrado huellas que lo confirmaran. Mas no me conformaba. Deduje que el combate pudo haberse realizado más al Este, o más al Sur, pues los barcos piratas, incluso los más sencillos, que por lo general tenían solamente dos palos, eran de mayor calado. Por tanto, no podían acercarse tanto a la costa como el mío, que en comparación, era poco más que un bote. Seguía creyendo que estaba muy cerca, pues de lo contrario, no tendría explicación mi visión ni las palabras del bucanero que me mirara con tanta familiaridad.

La última imagen que quedó en mi mente fue la de la media luna que ascendía hacia lo alto. El sueño me venció, y me vi en una mar tranquila, bajo un sol de verano. No se distinguían barcos en la lejanía. El agua era de un azul intenso, lo que indicaba que me encontraba en pleno océano o en una mar profunda. No había personas acompañándome, pero allí estaba yo mirando al horizonte, mientras mi bajel se deslizaba velozmente sobre la superficie. ¿Dónde me encontraba? No lo sabía, y el ensueño terminó.

No fue una noche tan fría como las anteriores y dormí de un tirón hasta el amanecer, cuando la tenue claridad del alba se posó suavemente sobre mi rostro indicándome que era hora de levantarme.

Mientras hacía el café, pensaba en aquel viaje a través del océano. No le encontré otra explicación que no fuera que mi destino estaba ligado a la navegación, a la búsqueda constante de aventuras en la mar. La mañana se nubló desde muy temprano, lo que impedía ver el fondo en detalle. El viento del Noroeste me impulsaba a seguir, y no lo hice esperar. Icé mis velas y continué el bojeo. En hora y media ya avistaba el extremo este de la costa sur. El sol brilló nuevamente y pude ver el fondo con claridad. El agua allí era cristalina y pronto una playa apareció ante mi vista. Tenía varios kilómetros de largo, y la arena era tan blanca que al recibir la luz solar sus reflejos herían mis ojos. Era realmente hermoso aquel rincón. Sin embargo, no se veía a ninguna persona disfrutando de la brisa marina, del agua y del sol. Era aún temprano, y estábamos en el mes de febrero, en pleno invierno. No obstante, pienso que cualquiera que conociera aquel lugar, viajaría sin dudas para pasar al menos unas horas allí.

Después que dejé atrás la playa y doblé la punta, decidí torcer al Este para visitar Cayo Matías, al que no había llegado antes, cuando había bordeado Isla de Pinos por el Norte y el Este, ya que solo había osado llegar hasta los cayos del Triángulo, Campo y Cantiles. Eran unas tres millas a lo sumo, por lo que debía estar allí antes del mediodía. La proa de La Lolita cortaba el agua con fuerza, pues el viento soplaba de popa con potencia, de modo que no tuve que esperar a que el sol estuviera en el cenit para anclar en la punta situada al noroeste de Cayo Matías. No se veía otro barco por los alrededores, así que preparé un buen potaje de garbanzos, arroz, carne salada, y una limonada para refrescar el estómago.

Dos horas después, luego de reposar el almuerzo, me bajaba en el cayo para recorrerlo. Había llevado mi hacha para cortar alguna madera y hacer un horno. Debía reabastecerme de combustible, ya que durante las frías noches anteriores había disminuido el carbón en el saco. Busqué una llana y en poco tiempo tuve la madera necesaria para hacer un pequeño hornillo, preparándolo en un claro que se podía ver desde el barco.

Como había sudado mucho, decidí darme un baño, para lo cual busqué una de las ollas en La Lolita. Después, con una vara que había dejado lista para ese trabajo, abrí un hueco en la arena y pronto comenzó a brotar el agua dulce. Seguido a esto, me desnudé, llené la olla en varias ocasiones y me di un buen baño para quitar el salitre de todo mi cuerpo y limpiar mi cabeza.

Antes de que el sol desapareciera en el horizonte, detrás de la Isla, ya había regresado al barco y preparaba otro potaje de frijoles para la comida, que realicé a la luz de la luna, llena en casi tres cuartas partes. Aún cuando había buena visibilidad, coloqué el farol en la proa por si algún barco estaba navegando por allí a esa hora, lo que sería poco común, pero no imposible. Terminada la comida, tomé mi guitarra, y canté algunas viejas tonadas que hicieron volver a mi mente la imagen serena de Emilia, la joven de divino rostro. Con ella presente me dominó el sueño hasta la media noche, cuando me desperté y bajé a tierra para comprobar si el horno no tenía ninguna hendidura por donde pudiera escapar el calor.

Como todo se encontraba en orden, regresé a La Lolita y me volví a recostar en mi colchoneta, abrigado con mi camiseta, mi camisa de lana y mi abrigo de cuero. El toldo lo había dejado puesto para que la luz de la luna no me diera en pleno rostro, y para que el sereno no me dañara, pues me había bañado en la tarde. Dormí como un tronco hasta que el alba se hizo presente y me levanté de nuevo para bajar a tierra y comprobar el estado del horno. Una vez que comprobé que solo escapaba humo por el pequeño hueco abierto en la cima del túmulo, regresé a calentar el agua para el café y luego desayunar.

Toda la mañana la empleé en darle la vuelta al cayo, bajando hacia el Sur y siguiendo luego al Este, para regresar hacia el punto donde había anclado el día anterior por el norte del islote. Al sur de Cayo Matías el fondo estaba cubierto de fango negro y arcilloso, al norte era de arenas blancas y cebadales. Su vegetación estaba compuesta de mangles, uvas caletas e hicacos, y también algunas llanas. A esto siguió el almuerzo, que ya tenía listo antes del mediodía. Luego me bajé y desmonté el horno para rellenar el saco de carbón.

Terminada esta tarea, largué velas y me dirigí hacia Punta Piedras, distante a unas cuatro millas, lugar al que llegué casi al anochecer, pues navegué todo el tiempo con el viento en contra. Una vez que encontré el lugar adecuado, donde el fondo era arenoso y con algunas piedras, tiré el ancla y me dispuse a pasar la noche, que prometía ser fría y poco acogedora, pues se había nublado el cielo con la caída del sol.

Llovió sin interrupción, y aunque el toldo me protegió al principio, hizo mucho viento y alrededor de las tres de la madrugada tuve que bajar de cubierta para no mojarme. De modo que no pude dormir durante esas tres últimas horas antes del amanecer, que fue gris.

Esperé unas dos horas para ver si mejoraba el tiempo, mientras preparaba el desayuno y ponía al fogón unos garbanzos, pero al ver que se mantenían las lloviznas y el viento en contra, terminado el potaje, decidí levar el ancla y continuar. Dos horas más tarde me encontraba entre los cayos de Boca de Alonso, cubiertos de mangles e hicacos, y la costa este de la Isla, moviéndome por un estrecho paso por el que se puede continuar navegando dirección Norte-Noroeste hacia los Cayos Balandras, a los cuales llegué una hora más tarde. Fondeé y preparé el arroz para almorzar. La carne casi tocaba a su fin, de modo que la dejé para la tarde.

No estaba muy animado a seguir el viaje ese día. Me acercaba a Nueva Gerona y al final de ese primer bojeo a la Isla de Pinos, el cual podría concluir a la mañana siguiente si mejoraba el tiempo. De manera que almorcé y me dispuse a descansar esa tarde, y a preparar una buena comida para reforzar la ausencia de la carne en el almuerzo. No obstante, lancé la pita para ver si picaba algún pez, mas esta vez no tuve tanta suerte. Tuve que entretener el hambre en la tarde con una limonada y unas galletas. En la noche comí un buen plato de frijoles blancos con arroz, carne, unas malangas, y mi jarrito de vino tinto.

El cielo se despejó y las estrellas titilaron. Hacía frío, pero era soportable, por lo que solamente me cubrí con mi abrigo de cuero y me acosté, como era mi costumbre, sobre cubierta. La luna casi estaba llena, de modo que era buen tiempo para pescar, mas no estaba de ánimo para eso. Tomé mi guitarra y me puse a repasar las décimas que había escrito días atrás, pues no conocía un ejercicio mejor para grabarlas en la memoria que cantarlas una y otra vez.

Volví a navegar en mis sueños, pero ahora cerca de la costa. El bajel tenía solamente dos palos, pero cuajados de lona hasta el tope, lo que le permitía aprovechar la más mínima brisa para moverse. Mi amigo del pañuelo de colorines y la camisa blanca me señaló a un punto en la costa. Era una choza tras la cual se levantaba una delgada columna de humo. No distinguí a ninguna persona, mas cuando llegábamos al lugar, apareció un hombre corpulento y de tez coloreada, quien cargó varias cajas de carne salada en los botes. A cambio, el capitán le entregó una bolsa con monedas de plata y oro, así como tres botellas de ron. Luego seguimos a lo largo de la costa, hacia el Sur, hasta salir a mar abierto.

Cuando me desperté, el sol comenzaba a salir del agua, bañando el horizonte con el amarillo, seguido del dorado. Se divisaban algunas nubes de color rojizo, tan rectas, que parecían largos trazos delineados por un diestro pintor. Desayuné con café, las últimas galletas, la carne que quedaba de la noche anterior y unas malangas, también las últimas. Me deleité con aquel bello amanecer solo el tiempo que me tomó el desayuno. Desplegué las velas y salí en dirección Norte. El viento soplaba del Oeste y del Sureste, lo que ayudaba a que La Lolita surcara la mar con celeridad. Confiaba en que pudiera regresar a Nueva Gerona ese mismo día, pues me faltaban unas catorce millas y algo más, teniendo en cuenta varios salientes, como la Punta de Afuera, que me obligarían a desviarme hacia el Este.

El viento se mantuvo a mi favor, y en una hora doblaba por Punta Santa Fé. Después de esta, divisé la desembocadura de un río, bastante amplia. Se decía que sus aguas curaban muchos males, aunque yo no tenía claro si eso se refería a las aguas del río o a las de los manantiales. Continué hacia el Norte, buscando la citada Punta de Afuera, a la que llegué en menos de una hora, gracias a que el viento venía de popa. Doblé hacia el Noroeste. Ya se veían con claridad las siluetas de las montañas ubicadas al este de Nueva Gerona, y en poco tiempo llegué a una playa cuyas arenas eran negras, y de la cual había oído hablar mucho. Le llamaban Bibijagua. Precisamente por esa circunstancia no me acerqué demasiado a la misma, ya que podía confundirme el color del fondo y terminar encallado. Pude distinguir también una casita en la lejanía, lo que era señal de que comenzaba a acercarme a una zona más poblada.

Al mediodía dejaba a las espaldas la loma tras la cual estaba la playa mencionada, al doblar la última punta que me impedía ver la desembocadura del río Las Casas. Cerca de las cuatro de la tarde, bajo la estruendosa música de mi estómago, ponía los pies en el muelle de Nueva Gerona, para hacerme de víveres y salir a la mar nuevamente, en este caso dirigiéndome hacia el Norte, a la Ensenada de Majana, una zona muy buena para la pesca de la esponja. Debía, por esa razón, aprovechar el tiempo.

Después de comprar todo lo necesario para pasarme unos diez días en la mar, me fui a mi casita para lavar la ropa, comer y descansar esa noche, pues al otro día saldría a navegar nuevamente. No fui a ver a Guzmán, ya que no tenía qué entregarle. Nadie fue a buscarme para un guateque, considerando que acababa de llegar; por lo tanto; si pensaron que me encontrarían al otro día, se equivocaron, pues antes de las seis de la mañana ya estaba navegando en dirección a Cayo Redondo.

IV

EMILIA

El primer bojeo a la Isla de Pinos me había tomado pocos días, pues había sido una especie de reconocimiento, cuyo objetivo era saber directamente como eran sus costas y varios de los cayos que la rodeaban. Pero tenía en mente darle otra vuelta en el futuro, en la que invertiría más tiempo, para poder examinar parte de su territorio y el resto del cayerío, pues muchos de esos lugares habían sido utilizados en el pasado como bases para que piratas y corsarios repararan sus buques, y se reabastecieran de agua y alimentos. Desde aquella tierra habían partido en busca de fortuna, muchas veces secundados por bucaneros, Henry Morgan, Francis Drake, y hasta el mismísimo Pieter Heyn —Pata de Palo—, entre otros. Las historias que había escuchado siendo niño y adolescente me impulsaban a la búsqueda de sus huellas, que podían ser barcos hundidos o tesoros enterrados. Me encontraba en medio de lo que fuera el teatro de operaciones de esos aventureros que rondaron por nuestros mares. Solo necesitaba un barco y tiempo. El navío ya lo tenía, a pesar de que no era mío, y en cuanto al tiempo, cuando se es joven siempre nos sobra. ¿Por qué no utilizarlo en lo que me gustaba?

De momento tenía que trabajar para vivir, de modo que me fui a la zona situada entre Batabanó y La Coloma, muy buena para la pesca de la langosta y la esponja, y que conocía bastante bien. En menos de diez días, luego de mucho trabajo y zambullidas —las que están sembradas en el fondo hay que sacarlas cortando su base con un cuchillo—, regresé a puerto con una cantidad considerable de esponjas, y me tomé tres días de descanso, mas solamente pude reposar uno, pues al segundo me fueron a buscar para animar un cumpleaños, que no puedo recordar ahora de quién era. Pipo estaba repuesto y me acompañó a dúo en varias canciones, y como casi siempre ocurría en esos casos, la fiesta terminó bien entrada la madrugada. Sin embargo, no vi a Emilia. Miguel y sus otras hijas —Concha, Julia y Blanca—, sí estuvieron presentes. Rafael estaba por La Habana. Pero no tuve la dicha de ver aquellos ojos almendrados, que tenían para mí el efecto de un bálsamo reconfortante.

Al tercer día también me fueron a buscar, según decían porque un hermano del agasajado, que no vi por ninguna parte, pero a quien «querían mucho», no había podido estar presente, y por supuesto que no le iban a privar de la diversión precisamente a él. Todos quedamos complacidos con tal explicación, pues en definitivas al cubano solo tienes que decirle que hay una fiesta, los motivos no son muy importantes. Incluso, si no los hay, se inventan. Si se trata de jolgorios un cubano puede cumplir años siete u ocho veces en menos de doce meses.

Este último guateque terminó también en la madrugada, y como tampoco fue mi hermosa enamorada, decidí salir de nuevo a la mar. Así que no dormí, partí al romper el alba en dirección a Cayo Redondo, cerca del cual anclé antes de las diez de la mañana para preparar el almuerzo y descansar en la tarde. Como el cielo se encontraba completamente nublado y había mucho fresco, pasado el mediodía me tiré un rato, y me quedé dormido hasta el anochecer. Una fina llovizna hizo acto de presencia durante las primeras horas de la noche, pero luego se despejó y surgió un cielo cuajado de rutilantes estrellas, rematado por una media luna. Sin embargo, el frío era tal que cerca de las tres de la madrugada me vi obligado a bajar un rato bajo la cubierta, pues no podía usar el toldo como resguardo debido a que estaba muy húmedo.

Me entretuve preparando el café y fumando. Luego, para ganar tiempo, comencé a disponerlo todo para el desayuno, y continué con el almuerzo. En cuanto despuntó el alba y apareció la primera brisa desplegué mis velas, tomando rumbo al Norte para buscar esponjas.

Durante una semana me dediqué con todas mis energías a la pesca. El tiempo se mantuvo fresco y ello me benefició, ya que el sol no me maltrató tanto. Aunque yo trabajaba con camisa de mangas largas y sombrero de alas anchas, cuando el rey se ponía bravo de verdad, el cuerpo se agotaba debido al calor y al esfuerzo.

Regresé cuando no cabían más esponjas en mi barco. Guzmán quedó satisfecho con mi trabajo, y no dejó que otros navegaran en La Lolita. Yo salí dos veces más y siempre vine bien cargado, lo cual me permitió obtener buenos ingresos. Podía estar seis meses sin salir a la mar. Pero como mi intención era precisamente seguir ganando todo el dinero que pudiera, me hice de nuevo a la vela a finales de marzo, cinco días después de mi última marea, ya iniciada la primavera.

Fueron tres semanas de mucho esfuerzo, pero yo era muy joven y fuerte. Además, en la mar los hombres pueden alimentarse bien, por lo que el trabajo es soportable. A veces, si el tiempo era fresco, yo aprovechaba al máximo la claridad del día, terminando pasadas las tres o las cuatro de la tarde. Luego comía bien y descansaba toda la noche. Muchos dicen que la labores marítimas son muy duras y mal pagadas, además de peligrosas y aburridas, pues cuando terminas no tienes a dónde ir. Yo digo que no llevan razón los que piensan de esa manera. Es más, les aseguro que me he divertido y disfrutado como pocos, sea en tierra o mar afuera, porque, como dije al inicio de este relato, el hombre vive en un paraíso, solo necesita abrir los ojos y mirar a su alrededor. Y en cuanto al peligro, quien no quiera sentir temor, que no se dedique al oficio de marino, pues este se mueve sobre las aguas, y bajo estas, todos los días. Inclusive, muchas veces adviertes que tu vida había estado en riesgo mucho después de que pudieras perderla.

Durante mi regreso de esa última marea, en la que pasaba yo al oeste del Cayo de la Pipa, bajó frente a mi proa una enorme manga de viento que se me vino encima con rapidez. Estuve a punto de girar hacia el cayo, que me quedaba a babor, pero alguien «allá arriba» pensó por mí y me detuvo. La manga pasó precisamente por esa banda, tan cerca que perdí el sombrero, uno de los bidones para el agua, así como una olla con garbanzos, y otras cosas que no recuerdo en este momento. Me encomendé a Dios y agarré al timón con ambas manos para mantenerlo firme. Ni siquiera tuve tiempo de arriar la vela, y el toldo que usaba para taparme del sol se fue a bolinas como un papalote.

Sucesos como el que acabo de describir son frecuentes en la mar. Quien no esté en condiciones de soportarlos, le sugiero que no salga a navegar, y mucho menos en un barco pequeño. Ese día Miguel regresaba a Nueva Gerona y navegaba al Noreste de La Pipa. Cuando se encontró conmigo en una fiesta de cumpleaños, me recordó el suceso, diciendo con tono de broma:

—Sí qué era fresca esa manga, pasó entre nosotros y ni

permiso pidió.

Tuve que reír. Es lo que hacemos todos los pescadores después que pasamos el susto y nos percatamos que continuamos vivos.

Fue precisamente en aquel guateque en el que volví a encontrarme con Emilia. No la había visto en casi dos meses, y aun cuando siempre estaba presente en mis pensamientos, se me antojaba más hermosa que nunca. Llevaba un vestido color rosa pálido, que combinaba muy bien con el tono de su piel y se ajustaba a su esbelta figura. Los zapatos eran carmelitas. Una pulsera elaborada con conchas de carey adornaba su antebrazo izquierdo, y unos aretes de perlas colgaban de los lóbulos de sus orejas. No llevaba otros adornos, ni los necesitaba. Nuestras miradas se encontraron solo unos instantes, suficientes para que ambos nos diéramos cuenta de lo mucho que nos habíamos extrañado.

Comencé a cantar, y no me detuve hasta que llamaron para cortar la panetela en honor al agasajado, lo que aproveché para beber algo y refrescar mi garganta. Miguel, más relajado, y posiblemente debido a mi comportamiento anterior, salió durante una hora, estoy seguro que para darme la oportunidad de conversar con su hija, mientras que sus hermanas Concha, Julia y Blanca también desaparecían de la escena.

No voy a repetir lo que le dije. Es un secreto que quedará entre ella y yo. Mis palabras fueron sencillas, directas, y llevaban todo el amor y la pasión que puede guardar un hombre por una mujer. No me dio el sí en ese momento, pero me invitó a su casa para que conociera a su madre, lo que indicaba que estaba conforme en que la visitara, para lo cual seguro había consultado con su padre. Es decir, que el asunto ya se había manejado en el seno de su familia, de lo contrario no me habría invitado ella directamente.

Luego de la acostumbrada sección de chistes, todos nos fuimos a dormir un poco. Sin embargo, en la tarde, ya me habían ido a buscar para darle una serenata a la novia de Panchito, un vecino que estaba a punto de casarse. Pero antes pasé por la casa de Miguel, para conocer a su esposa Leonarda Guerra Piñero. Allí me brindaron café, y como sabían que me iba para una serenata, agregaron unas rabirrubias fritas, que no sé dónde las había capturado Miguel, pues ellas desovan en mayo, al igual que el pargo y la biajaiba, siendo esta la mejor época para pescar estas especies.

> —Espera a que se enfríen bien las rabirrubias —aclaró Miguel—, no vaya a suceder que te pasmes cuando te tiren el cubo de agua fría.

El mismo Miguel se fue conmigo para la serenata, con su hijo Rafael, pero sus hijas se quedaron todas en la casa.

Durante la serenata no hubo percances. La casa no tenía segunda planta y nos paramos lejos de la ventana, por si acaso. Pero la novia, que al parecer lo sabía de antemano, se levantó y se asomó junto con su madre. Los vecinos se mostraron también al escuchar los primeros acordes de mi guitarra, incluso algunos rondaban por allí cuando llegamos, puesto que estaban sobre aviso. Al poco rato ya nos habían brindado café, que fue servido por el propio papá de la novia. Muchos de aquellos vecinos habían estado en otras fiestas en las que yo había cantado, así que todo quedó, como quien dice, «entre familia».

Para mi sorpresa, varios de los allí presentes se habían aprendido las canciones, y hasta algunas de mis décimas, acompañándome a coro. Bueno, el asunto terminó en otra casa, pues la novia tenía que dormir, pero sus vecinos no estaban interesados en acostarse a esa hora. Pronto sentimos el olor del enchilado de langostas y el pargo asado. A lo lejos, escuché el chillido de un puerco, y dos horas más tarde, triturábamos los chicharrones, bebíamos cervezas e intercambiábamos chistes.

Justo es decir aquí que yo era un hombre joven, y si con veinte años, además de algún atractivo físico, tienes el valor para atreverte a cantar y bailar, siempre vas a estar rodeado de admiradoras, y, por lo tanto, tuve muchas entre las jóvenes de Nueva Gerona, y en otros lugares. Como diría un buen cubano: «Tenía donde escoger». Mas en ese tiempo mis pensamientos y mis acciones se dirigían hacia Emilia, aunque mis ojos podían admirar, y lo hacían con frecuencia, a las demás bellezas femeninas.

La parranda concluyó cerca de las cuatro de la madrugada. Dejé a Miguel en su casa y me fui a descansar un poco, pues pensaba salir a la mar en la mañana, pero me quedé dormido hasta pasadas las dos de la tarde. A esa hora se desencadenó una severa tormenta, un chubasco con mucho viento que hizo desaparecer más de una teja, varias prendas de vestir, y desgajó varios árboles.

A las siete de la noche todo estaba despejado y salí a la calle para ver lo que había sucedido en los alrededores. Me llegué hasta el muelle, y comprobé que La Lolita no había sufrido ningún daño, y tampoco los demás barcos que allí se encontraban. Escuché, mientras recorría el camino de regreso, los comentarios de varios vecinos que mencionaban a un rabo de nube, nombre que se le da en tierra a las mangas de viento, como el causante de los estragos. Luego regresé y me acosté hasta las cinco de la madrugada, hora en que me levanté, preparé un café, y luego llevé mis cosas para la embarcación, entre las que incluí un nuevo sombrero y otro bidón para almacenar agua. A las siete estaba comprando los víveres, y antes de las nueve navegaba hacia la desembocadura del río, para dirigirme hacia Cayo Redondo, donde siempre fondeaba para almorzar. Después del mediodía vino otro chubasco del Nordeste y me quedé anclado hasta que pasó. Cuando el cielo quedó despejado, se presentó un viento de Suroeste que aproveché para subir hasta el Cayo de la Pipa, donde fondeé para pasar la noche, que fue serena y fresca, sin una nube que opacara el fino telón de fondo, salpicado de luces, y con una delgada barca con la proa levantada en el centro del firmamento, indicando que en breve tiempo comenzaría la luna nueva.

En esa época había en la Isla de Pinos muy pocos barcos de pesca —tres, para ser más exactos—, por lo que eran escasos los encuentros entre marineros. Por ello me llamó la atención una luz amarillenta, como la de un farol, que se divisaba hacia el Este, más allá del cayo. Podía proceder de otro navío anclado en esa zona. Descarté el de Miguel Moya, pues lo había dejado en tierra, por lo que consideré que podía ser el de Pancho Barceló, otro peninsular asentado en la Isla. Sin embargo, la curiosidad me impulsaba a ir y averiguar de quién se trataba, y, como no tenía sueño, tomé la chalana, después de dejar el farol cerca de la borda, y me dirigí hacia allá remando suavemente mientras aspiraba la fresca brisa. Era innecesario, y quizás imprudente para muchos, tomar un bote y salir a esa hora al encuentro de lo desconocido, mas no me gusta la incertidumbre. Claro, que si se trataba de otro barco lo podría comprobar a la mañana siguiente; pero, más que nada, yo no tenía sueño y me picaba la curiosidad en ese momento, así que continué moviéndome por el norte de la Pipa en dirección a la luz.

Durante casi una hora remé hacia ella, hasta que me di cuenta que no se encontraba donde debía, que no era la luz de un farol ni de otra cosa. Había desaparecido. Intrigado, bajé a tierra llevando como única arma uno de los remos, considerando la posibilidad de que la luminaria procediera de alguien que se encontraba en el cayo, durmiendo o haciendo un horno para carbón, pero fue en vano. Pasada la medianoche, regresaba a La Lolita en compañía de un tiburón, el cual, quizás hambriento o molesto por mi presencia, daba vueltas alrededor de la chalana. Tuve que golpearlo dos veces con uno de los remos para que se alejara.

Cualquier persona pudiera pensar que es absurdo perseguir luces en medio del mar, con más razón si se trata de un hombre solo. Es cierto, pero, ¿qué hace un pescador que sale a la mar al ver una luz tan clara como la que yo vi? Pues precisamente lo mismo que yo: buscar, y arriesgarse. Quien sienta temor de bajarse en un cayo durante la noche, a doce o catorce millas del pueblo más cercano, que se quede en casa con su madre, o con su mujer y sus hijos. Poco o nada tendrá para contarles, como no sea lo que hicieron los que no se quedaron en tierra. Con esto no quiero decir que los que trabajan en una hacienda o granja sean cobardes, sino que en la mar suceden cosas inesperadas, únicas, por decirlo de alguna manera, y que quien navega no puede ser pusilánime.

Aún insatisfecho, pero más tranquilo, me acosté y dormí a pierna suelta hasta que los primeros destellos aparecieron hacia el Este. Entonces me levanté y preparé un buen café, luego me fumé un cigarro mientras contemplaba la alborada, uno de los mejores espectáculos que el hombre puede disfrutar en el mundo, y que además es gratis. El Creador no nos cobra por habitar en el paraíso terrenal, aunque para algunos puede resultar un infierno este mundo, por lo que les ha tocado vivir.

Luego de desayunar zarpé hacia el Norte. Quería comerme un buen enchilado de langostas, por lo que había reparado el chinchorro con antelación. La zona donde habitualmente pescaba esponjas, entre Batabanó y La Coloma, era muy buena también para la captura de la langosta. Pasado el mediodía, estaba fondeado y montado en mi chalana, revisando el fondo. Tuve suerte, en media hora tenía diez langostas grandes, y regresé a La Lolita a preparar una buena comida. En el almuerzo solo herví las colas de dos de ellas, y las comí con rodajas de cebollas. Pero en la noche, hice un verdadero banquete con colas de langostas enchiladas, acompañadas con vino. Luego dormí sobre cubierta, con buen fresco.

Fue una semana de trabajo duro y poco descanso, pero regresé con mi barco atestado de esponjas. Hecha la liquidación, y luego de tomar un buen baño de agua dulce y afeitarme, me fui hasta la bodega del galleguito para reabastecerme de víveres y agua. Ese mismo día tomé rumbo al Norte nuevamente, y durante otra semana trabajé fuerte para extraer otra considerable cantidad de esponjas.

Pasado un mes casi sin tocar tierra, salvo para hacer víveres y para ir a ver a mis padres en Batabanó, decidí tomar una semana de descanso. Mas al segundo día vino a buscarme Gildo para amenizar un guateque en la casa de Pipo, quien había dicho que esperaría a que yo estuviera en tierra para formar el jolgorio. Bueno, había muchos allí cuando llegué, cerca de las nueve de la noche, y no se fueron hasta las tres de la madrugada, y solo tras la promesa de que ese mismo día, a las nueve en punto de la noche, nos veríamos allí nuevamente. Para visitar a Emilia, tuve que ir por la tarde. Fui muy bien recibido en la casa de Miguel y Leonarda. Incluso me dejaron a solas con Emilia una media hora. Aunque ella no era muy conversadora, me dejó entrever que le había preocupado mi ausencia durante tantos días.

—Pensé que habías regresado a Batabanó —señaló luego de quedarnos a solas.

—¿Por qué habría de hacer eso?

—No lo sé —contestó ella—. Allá quedaron tus padres y seguro que muchos amigos.

—A mis padres puedo ir a verlos cuando quiera, y de hecho los visité en este mes. Pero aquí tengo todo lo que un hombre puede desear: la mejor brisa, la libertad que solo se puede disfrutar en la mar; y en tierra, una joven con un rostro que jamás soñé que pudiera existir.

—Quisiera creer que sigues pensando así cuando estás en una de esas fiestas —objetó Emilia.

—Pues créelo. Miro a todos los que van, incluidas las demás jóvenes. Pero lo hago para convencerme de que tengo razón.

—¿Y crees también que el rostro es el reflejo del alma?

—Estoy seguro —contesté de inmediato.

Ella miró a otra parte por un momento, mostrándome aquel perfil perfecto, solo comparable con los que en mármol esculpieron los antiguos griegos. Entonces, en súbito arranque, tomé una de sus manos, sin oposición de su parte. Emilia no me miró, aunque se ruborizó, y yo no solté presa hasta que escuché pasos en el pasillo. Alguien venía desde la cocina. Era su hermana Julia que traía un platillo con una taza de café y un pozuelo con mermelada de guayaba y un trocito de queso.

No me demoré más. No era lo adecuado en esos casos. Además, tenía un compromiso y ya Miguel estaba listo para acompañarme. De modo que nos fuimos ambos para la casa de Pipo a continuar el guateque de la noche anterior, pues ya eran las nueve de la noche y no debía hacerlos esperar.

Cuando llegamos ya estaban sirviendo chicharrones, cervezas, y algunos tragos de ron, según el gusto de cada cual. Luego de probar un trago de cerveza comenzamos a cantar Pipo y yo. Iniciamos con una de las décimas que había elaborado cuando le daba el bojeo a la Isla de Pinos, y cada uno cantó una de las estrofas. Así seguimos con las demás, y más adelante cantamos algunas tonadas que muchos de los presentes ya conocían de memoria.

Siempre lo pasé bien en esas fiestas, donde todos iban a divertirse de verdad. Había chistes fuertes o de doble sentido, que a todos los cubanos, españoles y de cualquier otro país agradan. Pero, más que nada, primaba el respeto por los demás, hasta en los borrachos, a muchos de los cuales tuve que llevar más de una vez en hombros hasta sus casas, porque se quedaban en los guateques hasta el final, aunque «ya no pudieran más».

Regresé a mi casa a las cuatro de la madrugada, después de dejar a Miguel en la suya, donde ambos tomamos solo un trago de café, aunque Leonarda tenía preparado el desayuno, porque estábamos hartos de tanta comida que nos habían brindado en casa de Pipo. Me demoré solo para recoger mis cosas y embarcar. Ya antes del mediodía estaba bordeando Cayo Redondo, donde no que quedé para almorzar, como era mi costumbre, pues decidí llegar hasta la Pipa. Fue otra semana de arduo trabajo, pero de buenos frutos. Esta vez me había dedicado a coger langostas, pues Guzmán me había dicho que las esponjas no tenían mucha venta en esos momentos, y la buena comida siempre es bienvenida en los mercados. Pescar con chinchorro es difícil, pues tienes que estar doblado todo el día con el cubo en una mano y la vara con el chinchorro en la otra, debido a lo cual las rodillas sufren mucho y se hinchan. Necesitaba unas buenas nasas, jaulas, pero no me detuve a pensar en comprarlas o en hacerlas yo mismo, confiaba en «mi buena estrella», que no me abandonó, pues pude capturar muchas langostas y regresar a puerto en menos de una semana.

Durante todo el verano me mantuve trabajando fuerte, aunque preparé varias nasas para no agotarme tanto. Vi a Emilia solo en dos ocasiones. No le hablé de matrimonio, pues esperaba el momento propicio para hablar con Miguel, y este fue cuando regresaba yo de una de las mareas, y avisté su barco cerca de Alacranes. Le hice señas y él se puso al pairo. Como era hora del almuerzo me invitó y pasé para el suyo, pero luego de consumir unos garbanzos como él solo podía hacerlos, le pedí que pasara a La Lolita y le pregunté si estaba de acuerdo en que yo me casara con su hija. No me contestó nada en ese momento, pues me dijo que quería consultarlo con su esposa, ya que Emilia tenía solo diecisiete años, pero me dijo que cuando él regresara que lo fuera a ver a su casa, que él sabía que yo era un hombre trabajador y que su hija correspondía a mis sentimientos.

Liquidé con Guzmán y volví a salir, sin aceptar ninguna de las invitaciones que me hicieron para animar fiestas. Estuve otra semana más fuera, aunque no capturé muchas langostas. Dos días después de mi llegada regresó Miguel, quien me mandó un aviso con Gildo. Esa noche visité su casa para recibir la respuesta a mi pedido. Me esperaban para comer con pargo asado, langostas y bistecs de caguama, pero Miguel me tenía reservada una sorpresa. Había comprado una guitarra, y me la entregó diciendo:

—Dice Leonarda que la única vez que te oyó cantar había mucha gente en la casa, que el público te hacía el coro y no pudo escucharte como se debe, y que aunque los vecinos le aseguran que lo haces bien, ella quiere convencerse, pues dice que mis hijas y yo estamos confabulados contigo, y que además, si quieres casarte con Emilia, lo más lógico es que cantes para tu futura suegra. Si ella da el «visto bueno» te damos el permiso. ¿Qué te parece?

—Que ya estoy cantando —dije comenzando a afinar la guitarra.

—Espera —dijo Miguel levantando una mano—. Primero la comida, que no nos vamos a comer ese pargo frío, porque después que tú empiezas a cantar, terminas a las tres o las cuatro de la madrugada.

Puedo asegurar que Leonarda tenía muy buena mano para cocinar pues el pargo estaba exquisito, aunque sospechaba que Miguel le había puesto algo de su arte culinario. Durante la comida, las hermanas de Emilia me recordaron algunos de los chistes que habían escuchado en los guateques anteriores y, claro, yo hice los menos fuertes, por respeto a mi futura suegra, aunque ella me demostró que no tenía el «cuello estirado», como otras que yo había conocido, sino que era muy campechana.

Terminada la comida, comencé cantando las décimas del Cucalambé, dedicadas al amor entre Hatuey y Guarina, que no me sabía completas, pues son cerca de catorce estrofas. Las había escuchado de boca de algunos campesinos cantores, allá en La Habana, que no eran profesionales. Luego continué con La Bayamesa, o Mujer Bayamesa, como le dicen otros, y después algunas décimas que yo recordaba, y que se le atribuían al mismo Espinel, si bien yo no estaba convencido de que así fuera. Finalmente canté algunas de las décimas que yo mismo había compuesto, que por supuesto no tenían la elegancia ni el verbo de las elaboradas por los ya mencionados y renombrados compositores, pero que yo había hecho con las mejores intenciones.

Cuando yo consideraba que la velada llegaba a su fin, se apareció Pipo, quien previamente se había puesto de acuerdo con Miguel —detalle que supe mucho después—, con otro guitarrista y un amigo suyo con dos maracas. Luego de los saludos de rigor, me dijo:

—Como no me avisaste te vengo a dar la sorpresa, para

que veas que los amigos son para servirse. Te vamos a tocar un sucu-suco para que bailes con tu novia.

Y, sin más preámbulo, comenzaron a tocar. Yo miré a Miguel, quien con mucha ecuanimidad me señaló hacia Emilia, y como para mí no era un problema zapatear con el ritmo tradicional de la Isla de Pinos, me puse en pie de inmediato y tomé de la mano a mi novia para bailar al compás del improvisado grupo dirigido por Pipo. Bueno, la fiesta concluyó como a las dos de la madrugada, pues a aquellas horas de la noche la música podía escucharse en casi toda Nueva Gerona, que en esa época no era más que un pequeño caserío, y, como era lógico, fueron apareciendo otros bailadores, así como varios platos de chicharrones, pescado frito y alguna que otra botella de ron, aunque yo solamente me atreví a tomar café.

Cuando lo consideré oportuno, le hice la seña a Pipo, y este, ni corto ni perezoso, detuvo la música y propuso ir para la casa de Gildo. Miré a Miguel, compinche de Pipo en el asunto, y este dijo brevemente:

—Vamos para allá.

Y hacia allá nos fuimos, dejando a Leonarda con sus otras hijas para limpiar la casa, salvo Emilia, quien se fue con nosotros. Por doquiera que pasábamos, los que no estaban despabilados se levantaban para unirse al grupo o para saludarnos, brindándonos lo que tenían a mano, desde un plátano maduro frito hasta un bistec de carne de res.

En la casa de Gildo ya nos estaban esperando con otra sorpresa: carne de puerco asado, cervezas, ron, vino, y como plato especial bistecs de manatí, cuya carne, junto a las de la caguama, la langosta y la albacora, es de las más sabrosas que se pueden comer de las especies marinas. Con aquellos manjares se podía amanecer sin dificultades.

Yo había estado cavilando toda la noche como dar un beso a mi novia sin levantar las sospechas en mi suegro. Así que esperé a que Miguel fuera al baño a orinar, y aproveché para besar a Emilia, quien como era lógico no se resistió. Pero como hubo cierta algarabía por mi atrevimiento, y hasta algunos aplausos, Miguel, que no tenía un pelo de tonto, luego de regresar a la sala preguntó:

> —¿Me perdí alguno de los chistes? Bueno, pues repítanlo, porque no me pienso ir sin escucharlo.

En mi ayuda acudió uno de los presentes, quien relató el cuento de Quevedo y la vieja que no tenía blúmer, pero Miguel sonrió y dejó claro que no se había tragado el anzuelo:

> —¡Óyeme, Pedrito! Nosotros nos conocemos hace tiempo. Ese chiste fui yo quien te lo contó. Pero bueno, como estamos de fiesta, voy a considerar que olvidaste ese pormenor. Acuérdate de que yo soy gallego de verdad, de la Coruña, pero no tengo nada de bruto como los de los cuentos que hacen ustedes los cubanos. Así que yo sé que aquí sucedió otra cosa, pero bueno, luego me entero. ¡Que siga la fiesta!

Con eso dejaba claro que no estaba molesto ni mucho menos, pero que no se le había escapado el detalle.

La música, el baile y los chistes continuaron hasta que nos sorprendió la salida del sol. Muchos se fueron a regañadientes, y alguno de los allí presentes propusieron continuar el guateque en su propia morada, pero ya los músicos estaban exhaustos, de modo que cada cual cogió su rumbo cuando Gildo concluyó el jolgorio señalando:

> —Bueno, por hoy es suficiente. Ahora, ¡Calabaza! ¡Calabaza! ...

El coro de los presentes, los que aún tenían ánimo para hablar, concluyó la conocida frase usada para despedir a los que se mantienen pegados en casa ajena, esperando a que continúe la diversión. Como algunos se hicieron los desentendidos, o estaban medio dormidos, tomé la palabra para ayudarlos a decidirse:

—Vámonos ya, que si no terminamos esta fiesta no podremos empezar la próxima.

Acompañé a Miguel y Emilia hasta su casa, sin que el primero se opusiera a que yo llevara de la mano a mi novia. Al llegar a la puerta de su casa le alargué la guitarra, mas él me dijo:

—Esa es tuya, yo no sé tocar guitarra, y Rafael tampoco.

—Déjela aquí —repliqué—. Así, cuando venga, no tengo que traer la otra.

—Bueno, como quieras.

Ese fue el inicio de mi compromiso con Emilia, y pienso que no pudo ser mejor, aunque nuestro verdadero idilio había comenzado meses antes, cuando la vi por primera vez aquella noche bajo la luz de los quinqués.

V

LOS MEJORES AÑOS

Siguieron nueve meses en los que mi vida transcurrió como en un sueño. Un sueño muy real, palpable, pues mi amada estaba ahí, siempre comprensiva, atenta a lo que yo pudiera necesitar, incluso si me iba para una parranda a la que ella no pudiera ir, porque no estuvieran Miguel ni su hermano Rafael, pues luego de que se oficializara nuestro noviazgo su padre no intervino en lo que yo pudiera o no hacer. En realidad nunca lo había intentado, solamente lo había insinuado, y no porque desconfiara de su hija, sino porque así debía ser. Emilia nunca me acompañó a ninguna fiesta, si no estaban su papá o su hermano, pero el primero sabía que de vez en cuando me irían a buscar para una serenata, una fiesta de cumpleaños, o para una simple canturía, y jamás me dijo que no fuera o que no me fijara en otras mujeres. Eso lo dejaba a mi decisión, y como yo había hecho mi elección desde aquella noche en la que fui a la fiesta en casa de Gildo, nadie tenía por qué preocuparse. Al menos, ese es mi parecer, aunque es posible que alguien de su familia tuviera preocupaciones, y bien pudiera ser alguna de sus hermanas.

En cuanto a Leonarda, mi futura suegra, no había ningún problema. Nunca le inquietaba si me iba para una fiesta, pues siempre pasaba por su casa, y ella misma se encargaba de prepararme algo de comer, aunque yo le recordaba que en cuanto guateque estaba sobraba la comida, a lo que ella ripostaba: «Nunca te caerá mejor que la que comas en una casa donde se te quiere».

Trabajé duro durante ese tiempo de espera. Mis estancias en tierra no pasaban de cinco días, y esas ocasiones las aprovechaba para visitar a Emilia en las tardes o en las noches. Más de una vez fui invitado a un buen almuerzo en familia, cuando estaban todos en su casa, para paladear un buen pargo asado, un enchilado de langostas, la exquisita carne del manatí, o los bistecs de caguama y de res, que tienen similar gusto. También tomé buenas sopas de gallina, que según Leonarda: «Impedirían que me diera sueño durante las extensas veladas». Pero más que todo eso, disfruté de la dulce compañía de mi novia, quien jamás me hizo un reproche por ningún motivo, y siempre tenía a mi disposición su sonrisa sin igual, sus suaves manos, blancas, pulcras y tibias, y aquellos ojos que me habían subyugado desde el primer momento.

Fue en esa época en la que compuse algunas décimas para ella, varias de las cuales pueden estar aún en la casa de Miguel y Leonarda, guardadas en algún cajón donde Emilia tenía sus cosas más valiosas, pero aquí solamente escribiré la primera, que es la que considero que expresa mis verdaderos sentimientos, y que, a pesar de mis años, puedo recordar verso por verso, letra por letra, sin ninguna dificultad. Por supuesto que no tienen rimas tan exactas ni un verbo tan culto como las de Espinel o El Cucalambé. Soy un sencillo pescador, que aprendí algo de poesía con mi padre y con algunos campesinos cantores de los campos del sur de La Habana, pero puse en ellas todo mi empeño, todos mis sueños, todos mis anhelos.

Las décimas son las que aparecen a continuación:

Ella es luz en mi alborada
es manantial de agua fresca,
hace que mi amor florezca
y adorna mi madrugada.
Ella es mi dulce adorada
cuyo rostro nunca olvido,
por eso a mi Dios le pido
que conserve su belleza,
por ser ella única pieza
en el jardín de Cupido.

Sueño con hacerla mía
y alcanzar la eternidad,
junto a su excelsa beldad
que me embelesa en el día.
Temo a la noche sombría
si su rostro no la espanta,
y hasta al pájaro que canta
escondido en los pinares,
embelleciendo estos lares
cuando ella se levanta.

Aspiro a la compasión
para este humilde marino,
clemencia de ese que vino
a entregarse en su pasión.
Quiero tener la ocasión
de junto a ella encontrar,
mil años de mi pensar
en este mundo terreno,
sin beber de ese veneno
que los celos pueden dar.

Quiero poder yo entregar
un mar de mi amor sincero
a esa con la que yo espero

> hasta el sol poder llegar.
> Pretendo ver en mi hogar
> mil hijos, mil querubines,
> viajando hasta los confines
> donde aún flote mi barca,
> como ayer aquel patriarca
> contempló a los serafines.

Tuve que dar un viaje a La Habana para poner en conocimiento de mis padres que pretendía casarme. Mi padre lo tomó con calma. El sabía que yo, como cualquier hombre que ya se mantenía con su trabajo, necesitaba tener una esposa. Mi tío José Lamar sonreía con picardía. Mi madre puso cara de preocupación, como todas las madres cuando se dan cuenta de que sus hijos se irán lejos, y que ya no podrán cuidarlos como antes, ni estar al tanto de todas sus cosas. Luego preguntó:

—¿Es bonita?

—Fíjate si es bonita, que si mi padre la viera, se arrepentiría ahora mismo de haberse casado contigo —respondí con toda intención.

—¿Me estás insinuando que es más bonita que yo? —preguntó mi madre mostrando su especial sonrisa, con la misma que me convencía cuando era un niño para que le obedeciera.

—No mamá, claro que no. Te estoy diciendo que estoy enamorado de una mujer muy bella en cuerpo y alma. Además, ¿cuándo uno de los que llevan el apellido de mi padre y mi abuelo se ha fijado en una mujer que no sea bonita?

—En eso tienes razón —aseguró Pastora Lamar mirando de soslayo a mi padre.

—Bueno, tendremos que preparar el viaje y avisar a mi

amigo Ramón —explicó mi padre.

—Eso no es necesario. Yo les alquilo una casita cerca de la mía. Cuando estén allá podrás ver a Ramón sin que tengas que quedarte en su casa.

— ¿Tienes dinero suficiente? —preguntó mi padre.

—Claro, he estado más de un año trabajando duro para poder reunir dinero y comprar las cosas imprescindibles para un hogar, así como para todo lo que ustedes necesiten. Pueden estar allá una semana y más, si quieren.

—Con una semana está bien —dijo mi padre.

—Por lo que veo —agregó para concluir mi tío José Lamar—, con lo que le gusta a éste el mar y enamorado de esa manera, ya lo perdimos. Se acabaron las canturías en casa.

—Nada de eso —aclaré—. Cada vez que tenga una oportunidad, me doy un saltico acá para amenizar en los guateques.

Eso fue básicamente lo que conversamos sobre el casamiento. Luego tomé mi guitarra y les canté algunas canciones que ellos conocían, así como varias de las décimas que yo mismo había compuesto, lo que motivó que mi madre moviera la cabeza y dijera:

—Parece que ya superaste a los trovadores de la familia.

—Por lo que dices en esas décimas, se ve que te has enamorado de una mujer y también de una isla — agregó mi padre.

Emilia y yo nos casamos en Nueva Gerona, el veintiocho de mayo del año mil novecientos uno, ante el Juez Manuel

Fernández Castillo. Desafortunadamente, mis padres no pudieron estar presentes, a pesar de haberles avisado un mes antes, pues mi madre había estado afectada con el virus de la gripe y no pudo viajar. Sin embargo, Manuel Palenzuela y Mendoza, mi padre, vino dos días después para conocer a mi esposa y a su familia. Tuvo que esperar una semana para ver a Miguel, ya que éste había salido a dar una marea a la langosta, motivo por el cual tuve que alquilarle un cuarto en una de las casas aledañas a la que yo ocupaba. El aprovechó para visitar a su amigo Ramón y a otros que conocía en la Isla de Pinos, pero siempre comía con nosotros, y luego nos acompañaba durante un rato y me hacía el dúo en alguna canción.

Emilia sabía cocinar muy bien, pero si se trataba de un enchilado de langostas, yo era el que preparaba la comida, pues sabía que a mi padre le encantaba ese plato.

—Después de que te hiciste pescador —comentó mi padre mientras saboreaba uno de los enchilados—, aprendiste a cocinar de verdad. Ya superaste a tu madre.

—No lo elogie mucho, mire que se lo va a creer —señaló Emilia.

Cuando Miguel regresó a tierra fuimos a su casa para reunirnos con toda la familia. Yo llevé mi guitarra, pues sabía que me pedirían que cantara, y como allí también estaba la que mi suegro me había regalado, se la di a mi padre para que me acompañara. Después de la segunda canción tocaron a la puerta. Allí estaba parado Pipo, muy compungido, lo que nadie creyó pues le conocíamos bien.

—Sé que están en una fiesta de familia —dijo haciendo una profunda inclinación—, pero si hace falta un trío puedo ir a mi casa y traer mi guitarra.

—Pues tráela hombre, ¿a qué estás esperando? —preguntó

Miguel.

Por toda respuesta, Pipo alargó su diestra y tomó la guitarra, que tenía recostada en la pared de la casa, donde no la podíamos ver.

—Ya fui y vine —dijo entrando, siempre sonriente, y tomando asiento en la silla que le alargó Rafael, a la derecha de mi padre.

—Yo soy Pipo. No me pregunte el nombre, porque nadie lo sabe, y ni yo mismo lo recuerdo a veces. Me imagino que usted es el papá de Manolo, porque se parecen mucho, solo que él es más alto —dijo Pipo mientras extendía su diestra para estrechar la de mi padre.

—Manuel Palenzuela y Mendoza —dijo mi padre con sencillez—. Sí, su abuelo Antonio Silvestre, y su tío materno, José Lamar, son hombres muy altos —explicó mi padre—, así que me dejó atrás en eso, pero solo en eso.

Después de la breve presentación, continuamos. Pipo, que se conocía bien las canciones que yo cantaba, se acopló fácilmente con nosotros. Fue uno de los mejores momentos de mi vida. Solo faltaba mi madre, pero me prometí que la traería a la Isla para pasar otra velada como aquella, para que todos en la familia de mi esposa pudieran conocer a esa mujer especial que me había traído al mundo veintidós años atrás, y apreciar su belleza, porque sí que era hermosa Pastora Lamar y Coto, que en paz descanse. No lo repito porque se trate de mi madre, sino porque es la realidad.

A pesar de la ausencia de mi madre, pasamos unos momentos muy buenos en mi casa, en la compañía de mi padre y de mi esposa, y en la casa de Miguel. Cuando estábamos solos Emilia y yo nos sentíamos flotar en las nubes, ajenos a todo lo que nos rodeaba, lejos del mundo aunque vivíamos en él. Luego de la partida de mi padre, ella y yo pasamos días inolvidables. Durante una semana casi no salí de la casa, salvo a comprar lo necesario para un hogar.

A partir de mi matrimonio, comencé a vivir entre dos de mis grandes amores: la mar y Emilia. Recuerdo que la primera vez que salí nuevamente a navegar, ella me despidió en la puerta de la casa diciéndome:

—Cuídate mucho. Recuerda que ya no es un sueño quien
te espera, sino tu esposa en carne y hueso.

Mi madre pudo venir un mes después, y como yo esperaba, se repitieron las extensas veladas en familia, y alguna que otra fiesta de cumpleaños a la que fuimos invitados. Yo mismo la llevé a ella y a mi padre en La Lolita hasta Batabanó. Pastora nunca había viajado en un barco tan pequeño, pero lo soportó muy bien. Solamente me hizo una pregunta, luego que recorrió el bajel y lanzó una ojeada al interior del casco, y fue la siguiente:

— ¿Dónde duermes?

—Aquí mismo, en la cubierta —respondí mostrándole
una sonrisa.

Ella miró hacia mi padre, quien sin inmutarse le dijo algo que tenía en mente, al parecer, desde mucho tiempo atrás:

—Si tenías alguna duda sobre las historias que contaba mi
padre acerca de los bucaneros de la familia, ahí tienes
la prueba.

Fue una de las mejores travesías que he realizado en toda mi vida: viento a favor todo el tiempo, del Sur-Suroeste, poco oleaje y día soleado. Por eso no tuve que continuar la ruta común de los barcos de esa época —que aún hoy sigue siendo la misma— hacia el Norte-Nordeste, en dirección a Cayo Monterrey, para pasar por el canal del mismo nombre y luego desviarse al Noroeste, hacia Batabanó, sino que subí casi directo al Norte, y a la una de la tarde ya estaba fondeado en Cayo Culebra, almorzando con mis padres bajo el toldo, con varios bistecs de caguama y puré de malangas rociado con aceite de oliva y ajos machacados. A las cuatro y cuarenta minutos de la tarde, según el reloj de mi padre, hacíamos entrada en el muelle de Batabanó. Habíamos salido a las seis de la mañana. Allí pasarían la noche en una casa de alquiler, y a la mañana siguiente continuarían viaje hasta la finca.

Regresé a Nueva Gerona una semana más tarde, luego de atrapar una buena cantidad de langostas en la Ensenada de Majana.

Durante los siguientes cinco años disfruté de la vida en toda su abundancia. El trabajo rudo bajo el sol y el peligro eran compensados con la libertad y la belleza que me entregaba el inmenso mar, con el aire puro, y la propia aventura de navegar por todo el cayerío que se extendía desde el Oeste, incluyendo los de San Felipe, hasta el Este, terminando en Cayo Largo. Incluso llegué hasta Cayo Guano, situado al Sur de la Bahía de Cochinos, pensando desde entonces en mi futuro viaje alrededor de la Isla Grande. También me interesaban, y buscaba, posibles naufragios y tesoros enterrados. Fue en esa época en la que vi los restos de un navío de gran envergadura, hundido al parecer por una tormenta, o quizás durante un combate, en los arrecifes situados al sur de Cayo Campo. Pude distinguir los cañones, algunos enterrados en el fondo marino, de costado o con la boca hacia arriba, así como parte del maderamen.

Cuando regresaba a casa, me esperaba la mujer de mis sueños, la que llenaba mi existencia. Solo faltaban los hijos, que no llegaban a pesar de ser ambos jóvenes y saludables, pero esa circunstancia no nos preocupaba más de lo necesario. Emilia no quiso ser examinada por un médico. Simplemente me dijo: «Ya vendrán los hijos, cuando Dios lo disponga».

Sin embargo, no todo fue felicidad en esos años. También tuve, como me anunciara mi amigo de la camisa blanca y el pañuelo de colorines, mis aventuras peligrosas. Una de ellas sucedió en un día soleado de la primavera de mil novecientos siete, en el que regresaba a puerto luego de una faena de dos semanas. Me acercaba a Nueva Gerona, y aproximadamente me encontraba entre Cayo Grande y la Punta de Bibijagua, cuando se me vino encima un chubasco del Nordeste con una inusitada fuerza en sus vientos. Arrié la vela y mantuve el rumbo, considerando que, como otras veces, capearía el temporal sin muchas dificultades. Sin embargo, no sospechaba que el aire cambiaría de golpe para venir del Este, debido a una manga de viento que pasó a babor, tan cerca, que el oleaje que levantó volteó a La Lolita como si se tratara de un barquito de papel, lanzando a la chalana contra la popa y partiéndola en dos. Solo tuve tiempo de soltar el timón y lanzarme al agua. Yo era buen nadador y estaba joven, así que me mantuve a flote a pesar de la altura de las olas, luchando por mantener la cabeza bien arriba. Unos diez minutos más tarde pasaba el chubasco y entonces, me voltee para flotar de espaldas y descansar. Me había dado algunos tragos de agua, pero en general me encontraba bien. Calculé que estaría en ese momento más cerca de Cayo del Inglés que de la Playa de Bibijagua, pero ¿quién me recogería en el cayo? Si no pasaban por allí Pancho Barceló o el mismo Miguel Moya, tendría que armar una balsa y arriesgarme a remar varias millas hasta la costa. Debía tomar una decisión y sin demora, pues en la zona donde me encontraba abundaban los tiburones. «Piensa Manuel, piensa», me dije en voz alta. Hasta la playa me faltaban unas cuatro millas y quizás algo más. A pesar de ser buen nadador, las corrientes podrían desviarme y ello aumentaría la distancia, amén de que los tiburones podían presentarse en cualquier momento, lo cual complicaría aún más la situación.

Luego de descansar unos cinco o diez minutos, recordé mi barrilito de vino y la caja donde guardaba los víveres, que me podían servir de ayuda para flotar con menos esfuerzo, ya que la chalana no se podía utilizar, pues se había hundido también. Me despojé entonces de la camisa y me zambullí hasta la Lolita, que estaba a unas cuatro brazas y media, apoyando su estribor en el fondo. Me metí sin pensarlo en el casco, obviando la presencia de un tiburón que rondaba por allí. El barrilito estaba intacto, pero no la caja en la que guardaba la comida. Saqué a la superficie primero el barrilito, que era más pequeño, y tomé aire para zambullirme de nuevo. La caja estaba rota, por lo que tuve que emplear toda mi fuerza para partirla en dos con mis manos y poder sacarla, pues no veía el hacha, y bajo el agua, de poco me serviría. Con la tercera zambullida puse a flote las dos partes de la caja de los víveres, las coloqué una sobre otra y atraje hacia mí el barrilito, abrí la llave para darme un buen trago de vino, y me dije: «Hacia la playa Manuel, y que sea lo que Dios quiera». Empujé mi barrilito hacia delante, puse mi pecho sobre las tablas de lo que fuera la caja de las vituallas y comencé a nadar, tratando de no patear mucho sobre el agua, para no llamar a más tiburones. Por fortuna no me encontraba herido, pues eso sí que alborota a los escualos. De vez en vez, empujaba mi barrilito, aunque eso era un esfuerzo adicional, porque podía beber algo que me diera fuerzas para continuar. Por otro lado, se me antojaba no dejarlo. Había sido mi compañero durante varios años.

Nadé durante una hora sin descanso, bebiendo solamente dos sorbos de vino. Por suerte, aparecieron dos toninas como escoltas, y las aletas oscuras que rondaban a mí alrededor desaparecieron. Media hora después se distinguía con claridad la Punta de Bibijagua, aunque no la playa. Eso significaba que me faltaban unas dos millas y media, según mis cálculos. Continué moviendo mis brazos y piernas con ritmo, para avanzar más y cansarme menos, mas el sol era abrasador a esa hora, y me daba en pleno rostro, así que me despojé de la camiseta, envolviéndome con ella la cabeza. Eran quizás algo más de las cuatro de la tarde, y cuando estuviera aproximadamente a una milla de la playa, el sol se ocultaría tras el lomerío de Nueva Gerona. Eso no me convenía, pues las toninas podían aburrirse de juguetear a mí alrededor. Con la oscuridad, sería más fácil para los tiburones atacarme y muy difícil defenderme. De modo que le dije adiós a mi barrilito de vino, luego de darme un último trago, y tomando aire, comencé a nadar con fuerza y largas brazadas.

Estaba cansado, pero seguro de que llegaría. Como decía mi padre: «En esta vida tendrás que pasar por muchas pruebas», y aquella era mi experiencia suprema para convencerme de que era un marino de verdad. Solamente tenía dos opciones: la vencía o quedaba en el camino y con ello todos mis sueños. Morir ahogado es una de las muertes más horribles que puede sufrir un hombre. En aquel momento también resonaron en mis oídos las palabras de mi madre: «Dios no te pondrá una cruz que no puedas cargar». En tierra firme me esperaban Emilia, mis amigos, una familia por crear, y no iba a dejar que Manuel y Pastora escucharan una noticia que ningún padre debe recibir: la de la muerte de uno de sus hijos.

A menos de media milla de la playa y ya oscureciendo, las toninas se marcharon, pero habían hecho su trabajo. Yo debía cumplir con mi parte. Y llegué, cansado, pero satisfecho. No abandoné ni las dos partes de la caja de los víveres que me habían servido para flotar con mayor facilidad. Las guardaría como recuerdo. Las solté sobre la negra arena, me volví hacia la mar, hice la señal de la cruz para dar gracias al Creador por su ayuda, y con toda la fuerza de mis pulmones lancé un grito mientras alzaba mis puños cerrados hacia el cielo. Era un alarido de furia. Con él escapaban de mi pecho el miedo a la muerte que había soportado durante horas. Era un bramido para esa mar apacible y tormentosa a un tiempo, a la que le decía: «Tú eres inmensa y poderosa, pero seguiré navegando sobre tus ondas hasta que mi vida se apague». Era también una voz para mi esposa, porque su amor me había dado la fuerza para no rendirme, así como un aviso a mis futuros descendientes, con el que pretendía transmitirles todo mi ímpetu, necesario para no claudicar ante las dificultades que les depararía la vida.

Después de este desahogo, me acosté a descansar durante una hora, para recuperar mis fuerzas, al tiempo que disfrutaba el momento de volver a nacer. Fue también un atardecer maravilloso, de los mejores que he podido contemplar en toda mi vida. Aquella mar, que poco antes parecía un infierno, había recobrado su serenidad, acariciando mis pies con sus pequeñas ondas y mis oídos con su murmullo tranquilizador. Pasaron otra vez por mi mente mis mejores momentos: los de la niñez junto a mis padres y demás parientes, los vividos en el ancho piélago, contemplando sus magníficos días, amaneceres y crepúsculos, sus noches extraordinarias, los años pasados junto a mi esposa, y aquella mañana en la que Jesús pasó junto a mi barca para darme su paz. ¿Qué más necesita un hombre para ser feliz?

Llegué a Nueva Gerona antes de media noche. Las calles estaban desiertas, mas por alguna razón desconocida Emilia estaba despierta. Cuando toqué a la puerta escuché el chirrido de la comadrita donde ella acostumbraba a sentarse y que corría para abrir.

—¿Qué sucedió? —preguntó sobresaltada cuando me vio.

Dicen que las mujeres tienen un sexto sentido, y yo lo reafirmo. Mi esposa me abrazó con fuerza, y sin esperar respuesta, me dijo mientras sus ojos se llenaban de lágrimas:

—No me podía dormir. Sabía que algo malo sucedía, pero no tenía idea de lo que era hasta que llegaste.

—No sucedió nada del otro mundo, solo una de las cosas que pueden darse en mi oficio: mi barco se hundió luego que pasé a Cayo Grande. Me sorprendió un chubasco con una manga de viento que hizo voltear a La Lolita, pero aquí estoy.

—¿Cómo llegaste?

Le mostré los restos de lo que había sido mi caja de víveres.

—Esto me sostuvo mientras nadaba, pues estaba lejos de la playa de Bibijagua.

Emilia pasó las manos por sus cabellos, nerviosa aún, y miró mis piernas y pies.

—Tienes heridas y arañazos. Te prepararé un baño.

No la dejé alejarse. La abracé con fuerza y la besé. Luego le dije:

—Ya habrá tiempo para eso. Primero siéntate conmigo mientras me fumo un cigarro y me tomo un trago de ron de esa botella que me regaló Miguel.

Después que lié un cigarrillo, abrí la botella y me serví en un vaso, del que tomé un buen trago.

—¿Cuántas millas tuviste que nadar?

—No estoy seguro. Calculo que unas cuatro y algo más.

—¿Había tiburones?

—Siempre los hay, pero también venían dos toninas conmigo —expliqué moviendo la cabeza y sonriendo.

—Eres un hombre dichoso, ¿lo sabías? —dijo mi esposa mirándome directamente, con una mirada en la que ya no se notaba el miedo, sino el sosiego.

—Sí, lo soy por muchas razones —respondí tomando una de sus manos.

—¿Sabías tú que me salvaste ya antes de que se hundiera la Lolita? —le pregunté entonces.

—No. ¿Por qué?

—Porque siempre estás presente en mis pensamientos y en mis sentimientos, y no estoy dispuesto a dejarme llevar por una ola por muy grande que sea. Esa es una de las razones principales. También están mis deseos de vivir, mis padres, y alguien «allá arriba» que está interesado en que yo siga aquí.

Terminé el cigarrillo y me tomé un último trago de ron, antes de dejarla ir a prepararme el baño. Mientras se calentaba el agua me frió unos huevos de gallina y un bistec de carne de res. Después del baño devoré mi plato con agrado y me fui a la cama a descansar, no sin antes tomar mi guitarra y entonar mis décimas favoritas, las que había dedicado a los hermosos ocasos disfrutados en la mar.

La noticia de mi naufragio recorrió el pueblo con rapidez, una vez que fui a ver a Guzmán, a quien le pagué una parte del precio de La Lolita en ese mismo momento, con los ahorros que me quedaban, y pactamos que el resto se lo entregaría en los próximos seis meses. Tuve que explicar a muchos los sucesos en los que estuve a punto de perder la vida, por lo que han quedado grabados muy bien en mi memoria. Eso significa que aquí aparecen tal y como sucedieron, sin adornos de ninguna clase.

En esos tiempos trabajé duro, navegando con Miguel, pero reuní lo suficiente para pagar lo que faltaba, y hasta pude reunir para comprar otra embarcación, de la cual sería yo el propietario. Así que ocho meses después del naufragio, La Lolita, un barquito muy similar al que había perdido, y al que se me antojó llamarle igual, pues no creo en eso de que este o aquel nombre sean fatales por alguna razón, surcaba de nuevo las aguas que rodeaban la Isla de Pinos. Volví a navegar en solitario, como a mí me gustaba, y a disfrutar de la belleza de la mar, a buscar tesoros y barcos hundidos, a reconocer los cayos donde no había estado antes, y a moverme entre ellos guiándome por el fondo, como había aprendido con mi suegro. Varias veces le di el bojeo a la Isla, y la reconocí también por tierra.

Luego vinieron los hijos: Rafael, que nació en enero de mil novecientos nueve, Manuel, en diciembre de mil novecientos once, y a ellos les siguieron Emma y Emilita, las más pequeñas. Era fantástico para mí llegar a la casa y ser recibido por todos, montarlos en mi bajel y darles una vuelta por el río o llevarlos a la playa de Bibijagua, contarles las historias que yo conocía sobre corsarios y piratas, así como las que ya podía relatarles sobre mis propias experiencias. Felo y Tito, los mayores, entendían algunas cosas, mas Emma y Emilita me veían casi como un personaje legendario. Cantaba para ellos, lo que les divertía muchísimo, y Tito, el más inquieto de todos, rompió más de una vez alguna de las cuerdas de mi guitarra, tratando de arrancar algún sonido del instrumento. Cantaba conmigo algunas canciones sencillas, y se notaba que captaba el compás con facilidad.

Fue una época feliz y la recuerdo con agrado cuando vienen las dificultades, porque en esta existencia hay tiempos buenos y malos, si bien es cierto que se presentan algunos momentos que marcan tu existencia para siempre. Sin embargo, yo digo que si sacamos bien la cuenta, son muchos más los buenos que los malos, porque si amas lo que haces, aunque sea duro el trabajo, eso no te destruye, sino te engrandece. Si amas a una bella mujer y ella te corresponde, tu cuerpo y tu alma serán más fuertes, si tienes una familia en la que prime el cariño y el respeto, ello te ennoblece, si tus amigos te aprecian, eso te llena de felicidad, y si además, aprendes a tener los ojos abiertos y a mirar a tu alrededor, como dije al inicio de este relato, te darás cuenta que te encuentras en un paraíso. Eso no quita que algunas personas vivan en la desgracia, porque están lisiados o postrados en una cama con una enfermedad incurable. Es un misterio que no pretendo descubrir, aunque sospecho que es un castigo divino por algo malo que hicieron en vida sus ancestros.

VI

DESAMPARADO

Esos años felices pasaron lentamente. Al menos así lo recuerdo, porque los disfruté paso a paso, día a día, hora tras hora, minuto a minuto. Tenía una familia completa: con mis padres, mi esposa con los suyos, y mis hijos. El trabajo duro en la mar y el peligro eran soportables, pues como ya dije, el trabajo hace grande al hombre, y, además, navegar era para mí una aventura, algo que formaba parte de mi existencia. Pero la vida te depara golpes fuertes, contra los cuales no puedes hacer nada, ya que son parte de ella misma, y te convierten en otro hombre para siempre.

Fue en la primavera de mil novecientos dieciséis. Yo me iba a dar una marea, acompañado esta vez por Gildo, debido a que Miguel estaba en tierra reparando su barco. Emilia había quedado en casa como acostumbraba, a cargo de nuestros hijos, mas en esos días se había sentido indispuesta, con una tos acompañada de una fiebre poco común en ella, que era una mujer saludable. Se había preparado una tizana así como una buena sopa de gallina, considerando que se trataba del inicio de un simple catarro, sin sospechar que en realidad era el comienzo de algo mucho más peligroso que nadie vio venir.

A mi regreso, mi esposa estaba ingresada en el pequeño hospital del pueblo, construido a principios de siglo. El médico había diagnosticado tifus, una enfermedad mortal en la que todo dependía del enfermo y de la gracia divina. También se conocía de otros casos infectados en Nueva Gerona, y se decía que la enfermedad procedía de La Habana, donde hacía unos meses se había producido un brote de la misma. Fuera así o no, Emilia estaba muy enferma y yo no sabía qué hacer. Mis cuñadas se llevaron a mis hijos, mientras yo iba y venía al hospital. Unas manchas rosadas afloraron en su piel unos días después y comenzó a sufrir terribles dolores de cabeza que no era posible calmar. Agonizaba delante de mis ojos, y yo me sentía impotente, atontado.

Una semana más tarde murió, y de repente, todo lo hermoso de que había disfrutado en la vida pasó a un segundo plano, ocupando su lugar el sufrimiento por la pérdida de mi gran amor, de la única mujer a la que he amado sin condiciones o reparos, de mi diosa de rostro perfecto, con sus suaves y blancas manos, cuya imagen me acompañaba en la mar día y noche, de la mujer que me amó desde su hermoso silencio, y a la que Dios me había destinado, pero que ahora se llevaba sin más, de aquella a la que mis hijos apenas conocían, y a la que mis nietos no tendrían oportunidad de ver en persona.

Fue muy triste para toda la familia. No puedo describir el sufrimiento de Miguel porque se mantenía sereno, aceptando la fatalidad con una entereza desconocida para mí. Leonarda no salía de su habitación, y mis cuñados estaban consternados. El día del entierro, Julia y Blanca se quedaron con los niños, mientras Miguel, Rafael, Concha y yo, acompañábamos el féretro hasta el cementerio.

Esa tarde, después del entierro, tomé a mi hijo Rafael, me

lo llevé al patio de la casa de Miguel, y lo abracé con fuerza. Fue entonces que lloró, porque aún estaba sorprendido, y por supuesto, con solo siete años no podía asimilar realmente lo que había sucedido. Después que ambos lloramos por nuestra pérdida, le dije:

—Rafael, tu madre murió. Dios se la llevó y eso no tiene remedio. Irás a vivir con tu tía Concha. Ella es tu mamá ahora. Yo tengo que seguir saliendo a la mar, es lo que sé hacer. Tú eres mi hijo mayor, así que cuidarás de tus hermanos. Cuando crezcas un poco, tendrás que trabajar para ayudarme a mantenerlos.

El asintió en silencio. Luego hizo una pregunta que demostraba su preocupación por sus hermanos desde ese mismo instante:

—Dicen que cuando tía Blanca se mude para La Habana se llevará a Emmita, ¿cómo la veré entonces?

—Cuando eso suceda iremos a verla juntos. Después, cuando crezcas lo suficiente, podrás ir a visitarla personalmente cada vez que quieras.

Esa noche me quedé solo en casa, sin poder conciliar el sueño. Todo parecía derrumbarse ante mí. Por primera vez en la vida no sabía qué hacer. Aún estaba anonadado. Pasaron por mi mente muchas escenas que no puedo describir, pues casi todas tenían que ver con las vividas en la intimidad con mi esposa. Me debatía entre ellas y las últimas palabras de Emilia: «Cuida de los niños».

Al otro día, bien temprano, tomé mi barca y me fui hasta Cayo Redondo. Necesitaba estar solo. Allí fondeé y me quedé mirando al mar. Por primera vez me sentía desamparado, y lloré a mi gusto, recorriendo con la mirada aquellas ondas azules que me habían hecho tan feliz, especialmente después de haber conocido a la mujer de mis sueños, a la diva de perfil griego que acompañaba mi bajel haciéndome dormir como si flotara entre cielo y tierra, a la que me había salvado aquel día en el que estuve a punto de ser tragado por las aguas embravecidas, a la esposa fiel que me esperaba siempre dispuesta, que no levantaba la voz ni siquiera para regañar a sus hijos, y quien respondía a mi fuerte carácter posando suavemente una de sus manos en las mías, para calmarme con su gracia única.

Se había ido uno de mis grandes amores, dejándome el dolor por su irreparable pérdida, aunque a la vez bellos recuerdos, a pesar del corto tiempo que duró nuestro idilio. También me dejaba parte de ella en nuestros hijos, especialmente en Emma, que tanto se le parecía. Mas aquel día mi sufrimiento sobrepasaba todos los límites humanos, y le pedí a mi amigo sin par que me diera su paz para lograr soportar la amargura por el resto de mi existencia.

Regresé al atardecer, que se me antojaba triste, con sus colores rojizo y gris. Mis ojos estaban secos, pero no las lágrimas en mi corazón, que continuaron brotando como un manantial durante toda mi vida, porque nunca pude sobreponerme del todo a la muerte de mi esposa, a la que jamás olvidaré, y con la que espero poder encontrarme algún día en ese lugar donde solo existen la felicidad y el amor eternos.

VII

BOJEANDO A LA ISLA GRANDE

Terminados los rezos por el alma de Emilia, que duraron nueve días, me hice a la mar otra vez a la pesca de langostas. Me había hecho de otro barrilito para el vino, pero mi guitarra no volvió a acompañarme. Guardó silencio por varios años en un rincón de mi casa. Comencé a fumar más de lo que acostumbraba, y trataba de ahogar mi pena trabajando hasta que caía el sol.

Pasaron dos años en los que me convertí en un hombre solitario, y en medio de ellos, en mil novecientos diecisiete, pasó por la Isla un ciclón que arrasó con una parte de Nueva Gerona, aunque por fortuna mi casa, la de Miguel y la de Rafael fueron respetadas. Me mantenía ocupado exclusivamente en mi trabajo, y de mis hijos cuando regresaba. La mayoría de las veces me llevaba algunos días a Rafael y a Manuel, que ya tenían nueve y siete años respectivamente, para que se quedaran conmigo mientras yo estaba en tierra. Durante el día solía llevarme también a Emma y Emilita, pero en las noches las llevaba de regreso con sus tías, a pesar de que ellas me decían que querían quedarse con sus hermanos varones y que yo les contara cuentos o alguna de mis aventuras marítimas. Pero en realidad necesitaban de las caricias de su padre. Sin embargo, siempre consideré que era más importante para ellas la presencia femenina, y en eso creo que me equivoqué.

En una noche, en la que dormía sobre la cubierta de La Lolita, vi de nuevo en mis sueños al marinero del pañuelo de colorines y la camisa blanca, quien me decía en su jerga poco entendible que debía hacer lo que tenía pensado desde hacía varios años. Me quería decir que quien se dedicaba al oficio del mar tenía que guiarse por sus instintos, que aquella vida era una aventura que tenía que vivirse con intensidad, de lo contrario era mejor regresar a tierra firme. Aquel sueño fue lo que me decidió a que hablara con mi suegro sobre el bojeo a Cuba.

—Eso es mucho más complicado que darle la vuelta a Isla de Pinos —comentó Miguel.

—Lo sé, pero estoy decidido.

—Tendrás que sacar a La Lolita del agua para limpiarle los fondos y calafatearla bien. Ese viaje puede durar ocho o nueve meses.

—También lo sé.

—Quizás más tiempo. No sabes con qué te encontrarás más allá de Cayo Guano, y en Maisí, en el Paso de los Vientos, pueden esperarte muchas sorpresas.

—Me lo imagino, pero si nos guiamos por las sorpresas que pueden esperarnos no saldríamos más a navegar —repliqué.

Pero a Miguel no le preocupaban tanto los peligros que pudieran acecharme como que estuviera alejado de mis hijos.

—Es mucho tiempo fuera de casa. Felo y Tito ya salen
conmigo a la mar, pero Emma y Emilita están muy
chiquitas. Perdieron a su madre hace muy poco tiempo.
Sus tías hacen lo que pueden.

Mis dos hijos varones habían dado algunas mareas con
su abuelo, con quien comenzaban a conocer el oficio. No
dejaba de ser cierto lo que Miguel decía, mis hijos estaban
acostumbrados a verme salir por varios días, pero si me
ausentaba muchos meses, y el viaje podía extenderse hasta un
año, sin duda eso los afectaría a todos.

Entonces expuse mis pensamientos con más claridad, con la
secreta esperanza que Miguel me entendiera mejor.

—Se que tiene razón Miguel, pero yo he soñado con ese
viaje desde que llegué a esta Isla. Si no lo hice antes
fue por Emilia. Usted sabe que yo amé a su hija desde
aquella noche en casa de Gildo. También lo quiero
hacer por ella. He tenido solo tres grandes sueños en mi
vida: casarme con Emilia y tener una familia; navegar
por estos mares donde estuvieron corsarios y piratas, y
posiblemente esos bucaneros de mi familia; y el otro es
darle el bojeo a Cuba.

—Nunca me habías dicho eso.

—Estoy decidido, pero no lo haré sin su consentimiento.

Miguel abrió los brazos como si estuviera confundido.

—No soy tu padre Manolo…

—Hágase la idea que lo es. No lo consultaré con el mío,
pues usted es quien vive con mis hijos desde que
nacieron. Los conoce bien, y sabe además si yo puedo
dar ese bojeo en un barco como La Lolita.

—Sé que puedes. Has aprendido muy bien el oficio.

Miguel se quedó en suspenso, sopesando los pormenores de una travesía de esa envergadura y las consecuencias para sus nietos. Finalmente continuó con algunos consejos, lo que significaba que estaba de acuerdo.

—Deberás llevar dinero, un mapa de Cuba, un reloj, una brújula…

—Eso se puede comprar.

—El mapa y el reloj sí, pero la brújula no. Yo guardo la mía, la que traje de España.

Hubo un corto silencio.

—¿Cuál sería la mejor época del año para salir?

—Yo saldría en los meses de verano, hacia el Este.

—Yo pensaba darle la vuelta al revés, empezando por el Cabo de San Antonio y siguiendo por la costa Norte hacia Oriente.

—Eso es porque tú eres zurdo —dijo Miguel con una sonrisa—. Además, los vientos en el verano te ayudarán si sales primero por la costa sur hacia el Oriente. Luego, al regreso por la costa norte sería de la misma forma, pues debe ser en tiempo de seca, cuando normalmente soplan del Este-Nordeste y del Sureste.

—Pero es posible que el invierno me sorprenda antes de llegar al Occidente, y en esos casos el viento viene desde el Noroeste.

—Todo no lo vas a tener a tu favor —aclaró Miguel.

Yo coincidía con él en lo principal, pero quería que mi suegro, con su experiencia, me demostrara que ésa era precisamente la mejor opción para mi viaje.

—Además —concluyó Miguel para reafirmar su idea—, Jesús está sentado a la derecha del Padre, así que comienza el bojeo por la derecha.

Sus últimas palabras eran un mensaje irrefutable que yo no pensaba contradecir.

Dos meses después de esa conversación, a mediados de mayo de mil novecientos dieciocho, me hice a la mar con el firme propósito de bordear las costas de Cuba. Tomé rumbo Norte-Nordeste, hacia Punta Gorda, en el extremo más occidental de la Península de Zapata. Aunque yo conocía la zona, pues había estado en ella cuando trabajaba con los pescadores de Batabanó, quería comenzar por allí, pues me faltaban por conocer algunos de los cayos de Diego Pérez, y otros que se encontraban más al Este, llamados Cayos Blancos, situados todos al sur de la citada península. Solo necesité siete horas para llegar a mi destino, si bien antes cambié de parecer y me dirigí hacia el Cayo Matahambre, ubicado en la entrada de la ensenada del mismo nombre. Allí anclé y me decidí a preparar almuerzo y comida. Eran cerca de las dos de la tarde, mas no quería excederme en el primer día. Era imprescindible comer y descansar, pues yo no tenía acompañante. No obstante, existía la posibilidad de llegar antes del anochecer hasta Cayo Bacalao, a unas ocho millas al Sureste, si el viento me ayudaba.

Hora y media después, navegaba hacia el mencionado cayo, pues el viento venía de popa y La Lolita hendía las aguas con fuerza. Caía el sol cuando ya estaba fondeado, calentando el potaje de garbanzos, el arroz y las chuletas de carne de puerco que habían quedado del almuerzo. Comenzó a caer un buen chubasco hacia la Ensenada de la Broa mientras yo terminaba de comer, limpiaba los platos y preparaba lo necesario para pasar la noche. Pronto se despejó y llegó el crepúsculo, luego la noche, y con ella el recuerdo imborrable de Emilia, que me hizo dormir con serenidad y paz por primera vez después de dos años.

Amaneció despejado y con buena brisa. Desplegué mis velas y me dirigí hacia los Cayos de Providencia, pasando antes por el sur de los de Quimbombó y el Atravesado, y pronto llegué a los de Don Cristóbal, por los cuales debió pasar el Gran Almirante durante su segundo viaje a Cuba. Los conocía todos, por lo que continué con el mismo rumbo hasta Cayo Palanca, donde decidí anclar para almorzar, pues mi desayuno había consistido en un poco de café con un par de galletas con queso. Pasadas las dos de la tarde, me desvié hacia el Nordeste y me introduje en el Cayerío de Diego Pérez, cuajado de mangles y mosquitos

No perdí tiempo bajándome en ninguno de ellos, sino que continué hasta Cayo Flamenco, situado al sur del que daba nombre a los demás, que es el de Diego Pérez. Penetré luego en la ensenada de éste, con su boca hacia el Suroeste, aunque no encontré nada de particular, salvo muchos mangles y fango en el fondo. Salí de la ensenada y di la vuelta para situarme en la punta más al este del cayo, y tiré el ancla para pasar la noche. Aún no eran las cuatro, y el viento seguía a mi favor, pero no era prudente continuar, pues Miguel me había dicho, y el mapa lo confirmaba, que al Este y al Sureste había arrecifes, y también hacia el Norte y el Nordeste, y como se veía un chubasco que avanzaba desde el Este, con más de una manga de viento, no quise arriesgarme a meterme en pleno golfo. Era mejor pasar la noche allí para salir a la mañana siguiente, con las primeras brisas.

Al otro día, al despuntar el alba, ya estaba navegando hacia el Este, en dirección a Cayos Blancos. Antes de las diez estaba pasando al norte de la llamada Punta de Piedra, y como el viento continuaba a mi favor, no me aparté del timón ni para tomar agua. Creo que La Lolita llegó a alcanzar los cinco nudos y traté de aprovechar esa circunstancia a fin de acercarme todo lo posible a la Bahía de Cochinos, donde terminaba lo que yo nombraba «el tacón del zapato» de la llamada Península de Zapata. Pasado el mediodía estaba bordeando por el sur la pequeña franja de tierra que me separaba de la citada bahía, dejando atrás a los cayos de Longino, Borracho, y otros. Al Nordeste, el Este y el Sureste, se encontraba una cadena de arrecifes, por lo que mantuve rumbo Norte, para evitar el peligro, y navegué pegado a la costa. Cuando llegué a la Punta Navajas, bajé las velas y tiré el ancla, aunque aún quedaba luz suficiente para continuar. Era una zona que no conocía, por lo que sería mejor recorrerla en pleno día y bien despierto. Aunque los mosquitos me molestaron durante las primeras horas de la noche, luego se presentó un fuerte chubasco que me obligó a meterme bajo cubierta. Pasada una hora todo estaba despejado. Refrescó, y pude dormir a pierna suelta.

Al día siguiente pasé frente a Playa Larga y luego fui bordeando la bahía por el otro lado, hasta que entré en la Caleta del Rosario. Durante todo ese recorrido solo me crucé con un pequeño pesquero y un barco de cabotaje, al parecer dedicado al transporte de carbón, que seguramente fabricaban en la ciénaga. Llegué al atardecer a Caleta Buena, en Playa Girón. Cerca se veían algunas casas. Fui en la chalana hasta la playa y caminé para observar aquellos lares, pero solo encontré una pequeña bodega a punto de cerrar, y cuyo dueño, a todas luces español, pues vestía con camisa blanca, chaleco, boina y alpargatas, al ver que me acercaba la abrió de nuevo apresuradamente. El pobre hombre me confundió con un americano, pues cuando yo estaba a cinco pasos de él me preguntó:

—¿Qué se le ofrece «Míster»?

Cuando le dije que era casi tan español como él, se echó a reír y exclamó:

—¡Hombre, como Cuba es casi de los americanos ahora, y con esa estampa que tienes!

—En España hay hombres como yo —le aclaré—, pues mi suegro es de allá y es más rubio.

—Bueno, si te hubiese dejado hablar primero, me habría dado cuenta que no eras un americano.

Le compré algo de tabaco, un trozo de tocino y una botella de aguardiente, más para ayudarlo que porque me hiciera falta, pues aquel lugar parecía ser visitado solamente por la miseria.

Regresé a La Lolita y me preparé una buena sopa de carne, a la que le eché un poco de galletas trituradas, al estilo de los mallorquines, luego agregué dos bistecs de carne de caguama con arroz y un jarrito de vino tinto. El aire en la noche batía desde tierra con bastante fuerza, por lo que no me molestaron los mosquitos. Dormí más de nueve horas, que me vinieron muy bien, pues llevaba dos días navegando sin detenerme ni para almorzar. En mi sueño apareció el amigo de la camisa blanca, quien metió el dedo índice de su diestra en su boca, lo levantó para comprobar si el viento era fuerte. Después me señaló hacia el Este con gesto decidido, y ¿quién puede negarse a ser capitaneado por un hombre con ese temple?

Antes del amanecer estaba desayunando con un bistec de caguama que había quedado de la noche anterior, y que acompañé con unas galletas y un café bien cargado. Con las primeras luces del alba saqué el ancla y solté los paños. El cielo estaba despejado y el experimentado marino que me guiaba a través de mis sueños aseguraba que el aire soplaría a mi favor. Con semejante ayuda, ¿qué me impediría concluir la larga travesía? La Lolita comenzó a deslizarse suavemente sobre las tranquilas ondas, poco después el sol apareció en el borde del agua dándole al mar su brillo dorado, característico en esas primeras horas. De pronto, ante mí surgió la imagen de Emilia, con el pelo movido por la brisa acariciando aquel rostro incomparable y con su dulce mirada fija en la mía. Parecía tan real que me quedé petrificado y mi corazón se disparó dentro del pecho. Estuve a punto de mover mis manos hacia ella, pero me contuve agarrando con fuerza el timón. No pude contener las lágrimas, ni quería. Ella se fue alejando hacia la proa, poco a poco, rozando con sus pies desnudos las tablas de la cubierta, como cuando salíamos a visitar las playas de la Isla de Pinos. Una vez que su imagen desapareció, llené una y otra vez mis pulmones con la brisa matutina hasta que mi corazón recobró su ritmo habitual.

—Lo hago también por ti, Emilia —murmuré.

La Lolita fue aumentando la velocidad a medida que el viento se hizo más fuerte, y antes de las siete superaba los cuatro nudos. Calculaba que podía llegar ese día hasta la Punta de los Mangles, o Mangles Altos, pues desde Girón hasta la Bahía de Cienfuegos la distancia superaba las cuarenta millas, pero el referido punto se encontraba antes, a unas dieciocho o veinte millas aproximadamente. Hasta el momento todo marchaba «viento en popa», y debía aprovecharlo. No sabía lo que me encontraría en el cayerío del sur de Camagüey, ni en el Paso de los Vientos, o en el Norte, cuando comenzara el regreso hacia el Oeste. El cielo se mantuvo despejado durante toda la mañana, y la mar tranquila a pesar de la fuerte brisa.

Recorría con la mirada la costa, en la que abundaba una tupida manigua. El viento comenzó a soplar hacia el Suroeste, y para hacer valer esa circunstancia, me alejé un tanto de la ribera. No había nubes a la vista y el oleaje era suave, lo que ayudaba a que la proa hendiera la mar con fuerza y mi barca avanzara con mayor velocidad. No abandoné el timón más que una vez, para beber agua, luego de dejarlo amarrado al palo para mantenerlo en la misma dirección. El resto del tiempo dejé mis manos sobre la barra para asegurarme de que el rumbo siguiera siendo al Este-Sureste.

Cuando se acercaba el mediodía noté que la línea de la costa parecía alejarse, lo que significaba que me encontraba frente a una ensenada, que debía ser la de Toro. Decidí tomar rumbo Nordeste, a fin de acercarme a la Punta de Aristizabel, a partir de la cual la costa comenzaba a describir una especie de arco hasta la Punta de Mangles Altos, donde quería pasar la noche.

Al aproximarme al citado punto, el viento comenzó a soplar del Sur y el Sureste, lo que era muy bueno para mi propósito. Pasado el mediodía doblé la Punta de Aristizabel y continué al Este-Nordeste mientras que la tajamar de La Lolita cortaba las ondas con mayor viveza. Sin embargo, pasada una hora, se levantaron nubes por el Este, el aire empezó a venir de ese rumbo y del Nordeste, por lo que me vi forzado a acercarme a la costa. Había una caleta bastante amplia, marcada en el mapa con el nombre de Ensenada de la Cruz, hacia la cual me dirigí para guarecerme si rompía el chubasco, que ya se encontraba a la vista. A lo lejos, y escoltando a las nubes que descargaban su contenido sobre mar y tierra, se movían dos mangas de viento.

Pronto rompió a llover y no escampó hasta pasadas las dos horas. Pero yo me encontraba dentro de la caleta y bajo cubierta. Cuando escampó, el viento se mantuvo del Nordeste, por esa razón no podía desplazarme con rapidez. Eso me hizo desistir de intentar llegar ese mismo día hasta Mangles Altos. Decidí, y esa era la ventaja de navegar sin compañía, preparar algo de comer mientras tanto, pues no había almorzado. Aunque el aguacero refrescó un tanto el ambiente, una hora más tarde el sol comenzó a picar nuevamente, pues se iniciaba el mes de junio y Cuba siempre ha sido un país muy caluroso en esa época. Así que coloqué mi toldo para protegerme un poco mientras se cocinaban los garbanzos y el arroz, exprimí luego una toronja y preparé un refresco para acompañar las galletas con queso que ingeriría como almuerzo.

Alrededor de las cinco de la tarde tenía listos los garbanzos y el arroz, a los que agregué un poco de carne salada, calentada con algo de manteca, y sazonada con cebollas, ajos y unos trocitos de tomates. La caída del sol llegó con mi estómago bien aprovisionado. Volví a disfrutar del crepúsculo por primera vez desde la muerte de mi esposa. Pronto me quedé profundamente dormido, hasta que el frío de la madrugada me hizo abrir los ojos. Por la posición de las constelaciones calculé que debían ser ya las dos y media o las tres, por lo que la aurora no estaba lejos. No obstante, lo comprobé con el reloj que me diera Miguel, aunque a mí me gustaba calcular el tiempo por el sol o las estrellas, según fuera de día o de noche.

Preparé un buen café y lié un cigarro. Mientras consumía la estimulante bebida, me puse el abrigo, pues debía evitar pescar un catarro desde el inicio del bojeo, si bien yo había pasado muchas noches a la intemperie sin que me afectaran en lo más mínimo. Encendí el farol, tomé la brújula y comprobé mi posición, más para matar el tiempo que porque me preocupara, ya que la estrella polar se distinguía con claridad. Sabía que llevar a buen término mi viaje dependía de navegar siempre cerca de las costas, de que no me arriesgara en zonas bajas o con arrecifes, de anclar en cuanto apareciera la sombra de un chubasco, de que no se presentara un mal tiempo prolongado, o un ciclón, y de Dios. Bueno, también debía tener en cuenta a mi amigo el filibustero, compañero de aventuras y conocedor, con seguridad, de los mares que rodeaban a la Isla Grande.

El alba se hizo presente mientras desayunaba con unas galletas con queso, más el resto de la carne de la comida. Al comenzar los primeros destellos del sol abandonaba la caleta y tomaba rumbo al Este, buscando separarme un poco de la costa para agarrar toda la brisa que pudiera. Pero el viento aún era flojo, de manera que tuve que contentarme con ver aquella maravillosa amanecida, con algunas delgadas nubes, rojizas al inicio y rosadas a medida que la luz se difundía por el horizonte, aunque hacia el Norte se distinguían otras oscuras. La Lolita apenas se balanceaba, como si rozara suavemente las aguas, provocando un ligero murmullo, agradable al oído, como la música de una guitarra. Aquella mezcla de colores, olores y sonidos, conjuntamente con las aventuras, era lo que me mantenía atado a la mar, como un perro a su amo, si se admite la comparación.

A medida que levantaba el sol la brisa batía con mayor potencia. Pronto comenzó a soplar del Sureste, haciendo a mi barca ganar en velocidad. Comprendí que Miguel tenía la razón cuando me aconsejó salir primero hacia el Este. Al menos en las mañanas, podía avanzar mucho. En las tardes podría cambiar la dirección del aire; presentarse chubascos y mangas de viento, haciéndome perder impulso u obligándome a detenerme, según fuera el caso.

Cuando el sol alcanzaba el cenit ya estaba a la vista la Punta de Mangles Altos, mas no me detuve para almorzar; como en otras ocasiones, continué hacia el Nordeste buscando la Caleta de Canas. En ella pensaba pasar el resto del día y la noche. En ese intento me sorprendió un fuerte chubasco, que me obligó a buscar la costa arriesgándome a encallar o chocar con un cabezo; pero era preferible, pues las mangas de viento bajaban por todas partes. Tuve que arriar la vela, lanzar el ancla y esperar a que pasara el vendaval. Cuando el cielo se despejó, eran más de las cinco de la tarde. El viento volvió a soplar de popa y me decidí a dirigirme a la caleta. La luz me permitió llegar muy cerca, mas no me atreví a penetrar en ella por temor a encontrarme con un banco de arena.

En la noche volvió a romper otro fuerte chubasco, que duró

alrededor de tres horas. Los relámpagos rasgaban la oscuridad y escuché el sonido característico de una manga de viento que pasó muy cerca, por estribor, provocando el fuerte balanceo del barco. Me mantuve tranquilo. Nada podía hacer al respecto.

Amanecía cuando me adentré en la caleta para explorarla. El agua era como un cristal acabado de pulir, aunque la vegetación en sus riberas estaba tan tupida que preferí no bajarme. Salí de la ensenada y tomé rumbo al Este-Sureste, hacia la bahía de Jagua, donde se encuentra la ciudad de Cienfuegos. Llegué a la boca del puerto después del mediodía, pues el aire se mantuvo a mi favor solo por una hora. Después vino del Sureste y del Noreste.

A las tres de la tarde pasaba frente a un castillo o fortín, levantado por los españoles para defenderse de piratas y corsarios, que, como mi amigo de la camisa blanca y el pañuelo en la cabeza, gustaban de asaltar las villas fundadas por los peninsulares en el Nuevo Mundo, en busca de botines y alguna que otra hermosa moza. Se veía bien conservado y los cañones aún se asomaban por sus almenas, amenazadores pero silenciosos, porque sus enemigos de antaño no recorrían ya aquellos mares. Continué hasta Punta Gorda, donde pude distinguir un muelle de madera, con dos botes amarrados, pero seguí de largo hasta una ensenada tras la cual se veían con claridad las casas, la mayoría con sus techos cubiertos por tejas rojizas, y tras las cuales se alzaba, a lo lejos, la cúpula de una iglesia. Anclé en dicha caleta y me dirigí en la chalana hacia donde se hallaban los demás barcos, en un muelle más amplio.

Como allí se encontraban varios barcos pesqueros, uno más no llamó mucho la atención, si bien los pescadores que estaban en tierra me miraron con cierto interés. Me dirigí a un grupo que observaba como pintaban el casco de un pequeño bajel. Eran cuatro hombres, dos de ellos muy jóvenes.

—Buen día, ¿dónde puedo encontrar una bodega?

—Dos calles más arriba —respondió el que parecía de más edad—. ¿De dónde vienes?

—De Nueva Gerona, en la Isla de Pinos —respondí y alargando mi diestra agregué—: Me llamo Manuel Palenzuela y Lamar.

—¡Ah! ¿Tú eres de la gente de Pancho Barceló, o de Miguel, el Curro? —dijo el hombre luego de estrecharme la mano.

—Yo navego solo, aunque lo he hecho con Miguel, que es mi suegro. Pancho llegó un poco después que él.

—Yo soy Antonio, y éstos son José María, Pedro y Andresito —dijo el primero que había hablado señalando a cada uno de los otros—. A Pancho y a Miguel yo los conozco. Sé que son españoles, como mi padre. Dicen que una de las hijas de Miguel murió, ¿es cierto?

—Sí, se llamaba Emilia. Era mi esposa.

Siguió un corto silencio.

—Coño, cuánto lo siento —dijo Antonio con rostro afligido.

No dije nada. Saqué de uno de mis bolsillos cuatro cigarros para ellos y tomé uno para mí. Saqué a continuación una cerilla y la encendí para darles fuego. Cuando lancé dos bocanadas de humo al aire, les expliqué por qué estaba por allí.

—Estoy dándole el bojeo a Cuba. Es una idea que quería realizar hace mucho tiempo. ¿Saben de alguien que lo haya intentado antes?

—Yo creo que nadie lo hace desde Ocampo —dijo

Antonio, y señalando a mis espaldas agregó—: ese cayo que dejaste atrás lleva su nombre.

—Sí, Sebastián de Ocampo lo hizo —admití—; pero eso fue en el siglo dieciséis. Yo me refería a algún pescador como yo.

Antonio hizo una mueca que imitaba una sonrisa.

—No lo creo. Todos aquí estamos muy ocupados tratando de mantener a nuestras familias, aunque dicen que un viejo llamado Matías lo intentó, pero nadie sabe si lo logró. Hace más de cincuenta años que murió.

Me dirigí a la bodega para comprar unos chorizos y algo más de tocino. También quería ver que otra cosa de las que allí se vendían pudiera necesitar. Yo tenía combustible para el farol, carbón, velas, comida suficiente para un mes, y todo el aparejo de La Lolita estaba en perfecto estado. Di los buenos días y recorrí con la vista todo el surtido que tenía a la venta el gallego. Había de todo.

—¿Desea algo específico? —me preguntó al ver que no me decidía.

—Llevaré diez chorizos, tres libras de tocino y cuatro de carne salada. También quiero cuatro cajas de cerillas, media libra de picadura de tabaco y papel para liar los cigarros.

Cuando todo estuvo listo, el gallego volvió a preguntarme si quería algo más.

—Con eso es suficiente. ¿Cuánto es?

—Un peso con diez centavos. Si tiene pesetas españolas o moneda americana es igual.

Le di un dólar americano, así que el bodeguero agregó en

compensación una penca de bacalao mediana, de dos libras más o menos. Regresé a La Lolita luego de despedirme de Antonio y los demás pescadores, quienes me desearon mucha suerte en mi aventura.

Icé la vela y partí nuevamente. Bordeé por el sur el referido Cayo de Ocampo y me dirigí hacia la entrada de la bahía. Casi de noche salí a mar abierto. Anclé cerca de Punta Colorados y preparé algo de comer. Cerca de las nueve ya estaba durmiendo.

Al otro día, con cielo despejado y buena brisa de popa continué mi viaje, visitando la Playa de Rancho Luna, muy hermosa, así como una caleta que se encontraba después de Punta Luna. Fondeé para almorzar frente a la llamada Punta Gavilán, pero más bien dentro de la ensenada, pues se veía avanzar un chubasco desde el Este que prometía mucha actividad. Pude almorzar con tranquilidad, pero cuando se desató la tormenta, tuve que guarecerme bajo cubierta. Hubo vientos fuertes durante dos horas, lo que levantó buen oleaje, y las descargas eléctricas se sucedían una tras otra, con ensordecedores truenos como acompañantes. No pude moverme en toda la tarde, pues se mantuvo la marejada y la lluvia, aunque cesaron los rayos y el retumbar de los tambores en el cielo. Finalmente el tiempo mejoró, pero ya el sol penetraba en el agua, de modo que lo dispuse todo para pasar la noche, colocando un farol en la proa y otro en la popa, mientras se cocinaba una sopa de carne, la que tomé con galletas trituradas, para aplacar el hambre.

El sueño me sorprendió cerca de la medianoche, por eso me desperté tarde, con el sol fuera del agua y calentando el ambiente. Partí rumbo al Sureste luego de un buen desayuno, pues quería avanzar todo lo posible. La brisa era leve aún, pero logré llegar hasta la Punta de Itabo y continué hasta la del Diablo, donde llegué ya con viento en contra, razón por la cual resolví fondear para continuar a la mañana siguiente.

No hubo chubascos e hizo mucho calor esa tarde, viéndome obligado a guarecerme bajo el toldo para que mi piel no sufriera demasiado.

El oleaje se mantuvo fuerte. Sin embargo, durante las últimas horas de la tarde los colores de ésta se manifestaron con toda su riqueza, avivando en mí aquellos deseos de surcar los mares, y que habían inclinado mi espíritu a las aventuras. Aunque, quizás, en el fondo de mi alma buscaba en realidad la contemplación de toda la belleza creada por el Señor para envolvernos como si fuese un suave manto que nos acariciase a toda hora. Eso me hizo pensar que el nombre de aquel punto debía ser otro, y escribí, al lado de Punta Diablo, «Punta Bella», por la hermosa tarde y la noche que tuve ocasión de presenciar, con su luna en cuarto creciente, en medio de un cielo especialmente brillante, por donde pasaron dos estrellas fugaces, que descendieron por el Este, y que aproveché para pedir dos deseos: terminar el bojeo a la Isla Grande, y que un día pudiera encontrarme con mi esposa, en ese lugar de paz y amor.

A la mañana siguiente continué hasta Punta San Juan, donde desemboca el río del mismo nombre. Como arribé antes del mediodía, lancé la pita para probar suerte, y ésta me favoreció. Capturé un sábalo bastante grande, de unas cuatro o cinco libras más o menos, con el que hice varios filetes para el almuerzo, los cuales acompañé solamente con galletas y un jugo de toronjas, para no perder el tiempo, pues el aire soplaba a mi favor. De modo que saqué el ancla para seguir la travesía. No se veía nada interesante por aquellos lares, solamente mucha maleza costera, y como el viento de popa hinchaba mis velas, no estaba dispuesto a desperdiciarlo. Frente a mi proa todo estaba despejado, aunque se divisaban a lo lejos, hacia el Sur, varias mangas que acompañaban a los chubascos. Luego de cinco horas, fondeaba cerca de la desembocadura de

Río Hondo. Me acercaba a la zona de Trinidad, más allá de la cual había un área de muchos arrecifes que no conocía, por lo que debía tomar precauciones para no sufrir un accidente que pudiera atrasar mi viaje, o tener que darlo por terminado, si perdía La Lolita.

Dos días después entraba a la Ensenada de Casilda, situada al Sur de Trinidad, donde casi todo estaba cubierto de mangles. Reconocí Cayo Guayo y Cayo Tabaco, y luego examiné varias ensenadas, entre ellas la de Caballones, hasta llegar a la Punta Manatí, por donde desemboca el río del mismo nombre. Continué mi travesía hacia la Bahía de San Pedro, y de allí seguí hasta la desembocadura de un río que no aparecía en mi mapa. Lo recorrí corriente arriba un cuarto de milla y probé el agua. Al comprobar que era dulce, aproveché y me di una zambullida. Salí y tomé el cubo para sacar agua y darme un buen baño con jabón, para limpiar el salitre acumulado en mi piel. Cuando volví a salir a la mar rompió a llover y me vi forzado a anclar para pasar allí la noche, que fue fresca, lo que me permitió dormir tranquilamente, y sin ser molestado por los mosquitos hasta el amanecer.

Tres días más tarde, luego de pasar frente a la desembocadura del Río Higuanojo y la Punta del Ciego, fondeé en el Cayo de la Boca, llamado así, creo yo, por encontrarse frente a la desembocadura del Río Zaza.

VIII

EN EL GOLFO DE ANA MARÍA

Una semana más tarde recorría el cayerío del Golfo de Ana María, al Sur de la provincia de Camagüey. Visité y recorrí Cayo Flamenco, Guásimas, Rincón Grande y Arenas. También hice el bojeo de Algodón Grande, y luego lo recorrí e hice un horno para carbón, para rellenar mis dos sacos.

Moviéndome con mucho cuidado, bajé hacia el Sur, hasta Cayo Algodoncito. Atravesé, tomando rumbo al Oeste, un grupo de islotes que no se mencionaban en el mapa que yo tenía, y llegué hasta Cayo Cuervo, un grupo de pequeños islotes rodeados por arrecifes. Allí pasé una de las noches más hermosas de las que he disfrutado en la mar, y también uno de los peores días, pues al amanecer se presentaron una serie de chubascos, con vientos y marejadas, así como varias mangas. Perdí mi cubo y el toldo para protegerme del sol, y La Lolita se balanceó durante una hora como si fuese un simple barco de papel.

A finales de junio, me dirigí aún más al Oeste, para recorrer el archipiélago de Jardines de la Reina, comenzando por Cayo

Bretón, el primero de todos. Allí estuve tres días, fondeado en una pequeña ensenada situada al Norte del mismo, deleitándome con la tranquilidad de sus cristalinas aguas, comiendo langostas, biajaibas y descansando un poco. Luego me dirigí hacia los Cayos de Cinco Balas, deslizándome por un canalizo hasta llegar, por el Sur de los mismos, a una caleta bastante amplia, donde anclé y continué recuperándome. Me bañé con agua dulce en varias ocasiones y comí enchilados de langostas, biajaibas y chernas fritas. Necesitaba guardar víveres y la pesca era abundante. También pude coger un carey, zambulléndome y agarrándolo por su caparazón, pues él mismo, al sentirse aprisionado, nada desesperadamente hacia la superficie. Aunque normalmente esta operación se realiza entre dos pescadores, el que lo atrapa bajo el agua y el que lo espera en el bote para tomarlo, me las apañé yo solo, pues, simplemente, una vez en la superficie, lo lancé dentro de la chalana. Dos días después continué hasta Cayo Grande, y de allí pasé a Cayo Caballones, que tiene una laguna en el centro, la cual recorrí en bote, luego de abrirme paso desde el Norte por los manglares y la manigua costera. Continué hacia Cayo Anclitas, y pasé por los de Piedra Grande, Boca Seca, Boca Rica, Caguamas y Cabeza del Este, donde terminaba el «Laberinto de las Doce Leguas». Subí luego hacia el Norte recorriendo un sinnúmero de islotes y cayos, y bordeando los arrecifes por el Oeste, hasta divisar la costa de Camagüey. Visité además los cayos Pilón, Mate, Guincho y Punta Infierno, donde pesqué varias chernas de buen tamaño, y divisé, mientras revisaba el timón, un manatí hembra pariendo. Subí luego hasta la playa de Santa Cruz, fondeando cerca de Punta Bonita.

Esa noche, en mis sueños, vi un extraño barco de tres palos, al que seguían otros más pequeños. Quien los capitaneaba, vestido con cierta elegancia y con la cabeza cubierta por un sombrero de plumas, clavó en mí por unos instantes sus ojos de halcón y luego gritó una orden a sus oficiales. El sueño terminó sin que pudiera definir de qué se trataba, mas recordé que se decía que Henry Morgan había descendido en aquellas costas para dirigirse hacia la villa de Puerto Príncipe y saquearla. Objetivo que logró basándose precisamente en la confianza que tenían los españoles de que los piratas no se atreverían a atacarlos por tierra. No sabré jamás si era el mismísimo Morgan.

Al otro día tomé rumbo al Sur para dirigirme a los cayos, ya nombrados, de Atravesado, Punta de Afuera y Media Luna. Fue en este último, el cual debe el nombre a su figura, en el que estuve pasando la noche y donde descansé otros dos días. Después, pasé también por Cayo Culebra y subí con rumbo al Nordeste hasta el Cayo Maltés, donde me quedé para revisar de nuevo el timón y el casco de La Lolita.

Había navegado durante un mes por el cayerío conocido como Jardines de la Reina, eludiendo los arrecifes y bancos de arena, que son muy peligrosos, especialmente si lo haces en solitario. Por tanto, no podía quejarme de la suerte ni de como había respondido mi bajel.

Según el almanaque que tenía, y la cuenta de los días que llevaba marcándolos con un lápiz, llevaba en la mar cerca de dos meses, pues había comenzado el bojeo a finales de mayo y ya era quince de julio. En ocasiones, el recuerdo de mis hijos, y el dolor por la pérdida de mi esposa me oprimían el corazón durante las noches. Entonces, cuando amanecía, izaba mis velas y me decía: «Vamos Manuel, no te detengas ahora, no dejes las cosas sin terminar». Y continuaba hacia el Este.

Visité los cayos Purgatorio y Romero, y al llegar a Punta Sevilla, bajé hacia el Sureste para ver qué tenían los cayos del mismo nombre. Cuando los recorrí por su interior, pues describían un gran arco, me dio la impresión de que me movía dentro de un arpa que carecía de cuerdas. Mas no había nada en especial, los manglares y la maleza costera poblaban aquellos islotes como a tantos otros. Subí hacia el Norte en busca de la desembocadura del río Tana, con la intención de capturar algún sábalo, pero esta vez no tuve suerte. De acuerdo con mi mapa, al Sur quedaban varios bancos y arrecifes, entre ellos el de Buena Esperanza, de modo que me dirigí hacia la Punta de Birama, ya en la provincia de Oriente, sin dejar de bordear la costa. Atravesé la ensenada y pasé por Punta Pinillo, y frente a una caleta muy bien resguardada, que no tenía nombre en el mapa. Al pasar frente a la desembocadura del Cauto, la corriente me desvió un tanto hacia el Suroeste, mar afuera, pero, cuando su influencia disminuyó, continué hacia el Sureste hasta avistar Punta Jutía, y luego Punta Buey, para finalmente llegar a la desembocadura del Río Jicotea, donde sí pude capturar un sábalo grande.

Una semana después, luego de visitar el poblado de Manzanillo, para reabastecerme de víveres y carbón, y comer la sabrosa carne de la sierra, llegué hasta el pequeño puerto de Niquero, donde pude conocer, a través de los pescadores del lugar, cómo debía navegar hasta Cabo Cruz, y qué me esperaba en las aguas del sur de Oriente. Pasados dos meses de travesía, aún no había llegado a Maisí, en el extremo más al Este de Cuba. Me esperaba una mar profunda, donde no había cayos para guarecerse de chubascos, ciclones o marejadas fuertes, solo ensenadas o caletas pequeñas, salvo las bahías de Santiago y Guantánamo. Todo dependía de que el tiempo se mantuviera estable, de la capacidad marinera de La Lolita y de mi buen tino para no alejarme de la costa.

IX

MARES Y MONTAÑAS

Gracias a las sugerencias de los pescadores de Niquero, no tuve problemas para llegar hasta Cabo Cruz, luego a Punta del Inglés, y anclar, dos días después, en una bella ensenada de aguas cristalinas, cerrada al norte por las montañas, donde estuve fondeado veinticuatro horas, maravillándome con los colores de una tarde sin lluvia y la suave brisa, que me hizo dormir hasta después de la caída del sol. La noche fue también preciosa, con un cielo brillante que me mantuvo despierto hasta la una de la madrugada del día siguiente, y ya a las seis zarpé nuevamente con rumbo al Este, aunque solamente pude llegar hasta la Ensenada Boca del Toro, pues el viento se mantuvo del Sur y del Sureste, obligándome a maniobrar todo el tiempo.

El contraste de las verdes montañas con el azul intenso de la mar y del cielo podía embelesar al más insensible de los hombres. A esa divergencia se sumaban los cambios de coloración en los atardeceres, debido a que las lomas impedían el paso de la luz del sol mucho antes de que éste desapareciera en el horizonte, provocando reflejos de diversos matices en aquellas aguas profundas, que no había visto antes.

Me quedé dos días en aquel rincón, admirando todo lo que me rodeaba; para continuar con el mismo rumbo hasta la Ensenada de Mora, donde se encontraba un pequeño poblado de pescadores, nombrado Pilón, muy pobre, pero con unas gentes de buen corazón, quienes me brindaron todo lo que tenían. Me hubiera gustado tener mi guitarra para cantarles algo, ya que por aquellos lares pasaban muy pocas personas.

El viento mejoró al otro día y realicé una buena travesía hasta un sitio conocido como Chivirico, y al día siguiente, ya estaba en la Bahía de Santiago de Cuba. En el puerto me encontré con un negro casi tan alto como yo, que me miró con asombro cuando le dije que venía desde la Isla de Pinos.

— ¿Y dónde queda eso, compay?

—Al Sur de La Habana.

—Oye, eso *ta lejo* —dijo abriendo mucho los ojos—. Yo fui a pie de aquí *atallá*, *ata* Piná de Río, cuando la guerra.

—Bueno, en barco es mucho más fácil.

—Sí, pero a mí no me *guta* el agua. Cuando el *má* se pone bravo no hay *Dió* que lo aplaque.

—La guerra es más fea y tú estuviste en ella —repliqué.

—*E verdá*, pero yo cumplía con mi *debé*. Era *ma* joven y no importaba *morime*. Maté a mucho pancho, blanco como tú, que peleaban duro y sin *mieo*. Pero ahora mi propia gente me *mía* de reojo, como a huevo culeco.

Me tuve que reír, aunque era triste oír eso de un hombre que había peleado por todos sin esperar recompensa. Le tendí mi diestra para presentarme.

—Mi nombre es Manuel Palenzuela y Lamar, ¿cómo te llamas tú?

—*Migué*, sin apellido. Mi mamá no recuerda de ella ni de mi papá, que murió *eclavo* —respondió él después de estrechar mi mano con fuerza.

—¿A qué te dedicas? —pregunté.

Se encogió de hombros antes de responder.

—Lo que sea. Limpio patio, *jardine*, corto leña, de *estibadó*, pero el *baco* no vino hoy.

—Oye Miguel, me hace falta comprar chorizos, tocino, aceite y carbón para seguir, tengo que darle la vuelta a Cuba. ¿Hay alguna bodega por aquí?

—Cerca hay una.

—Bueno, vamos para que me ayudes.

El movió la cabeza con preocupación antes de decirme:

—La *vueta* a Cuba completa. Eso *e difíci* en ese bote.

—Desde niño estoy montado en un barco. Todo es cuestión de acostumbrase.

Me acompañó y me ayudó a traer el carbón. Yo envolví en un trozo de papel varios chorizos y un pedazo de tocino para él, le di la botella de aguardiente que había comprado en Girón y cincuenta centavos en moneda americana.

—Toma, por si no viene el barco —le dije dándole una palmada en el hombro—. ¿No quieres dar una vuelta por la bahía?

—No, suerte *Manué* —dijo él a modo de despedida y mostrando una dentadura blanca y vigorosa, a pesar de que debía tener más de cuarenta años—. La *má e pa* blanco. Yo prefiero la tierra. Gracia y vaya con *Dió*.

Miguel se quedó en el muelle hasta que lo perdí de vista.

Pasé la noche cerca de la desembocadura del río San Juan, y al día siguiente, gracias al buen viento del Oeste y el Sureste, llegué hasta la Bahía de Guantánamo, en la cual no entré hasta el puerto, sino más bien «eché un vistazo» por la boca de la misma, para luego salir nuevamente a mar abierto e ir a guarecerme en Puerto Escondido, una rada mucho más pequeña pero muy segura debido a que su entrada es estrecha. Desde allí hasta Maisí faltaban unas cincuenta o sesenta millas. Por eso descansé todo el día y la noche, y navegué después hasta una caleta sin nombre, a unas ocho o diez millas de distancia, donde me vi forzado a capear un temporal que duró cerca de una semana, con mucha lluvia y vientos flojos del Este y el Sureste.

Cuando el tiempo mejoró, cambió también el viento y me lancé a toda vela hacia el extremo más oriental de Cuba, que no es en realidad la Punta de Maisí, sino la de Quemado. Sin embargo, tuve que anclar antes de llegar a dicho sitio, pues, al doblar Punta Negra, me encontré con la corriente de agua que venía del Nordeste y el aire desde Este, por lo que La Lolita avanzaba a duras penas.

A partir de Punta Quemado venía una cadena de arrecifes que podría ser peligrosa, ya que estaba a merced del aire del Este y una corriente contraria. Decidí esperar a que cambiara de dirección el viento, y así poder pensar sobre lo que sería mejor hacer. No podía arriesgarme a perder el barco. Tendría que pagarme el pasaje de vuelta en algún navío de cabotaje, o atravesar toda la isla en tren para regresar. Estudié el mapa y observé el movimiento de la corriente, que venía del Atlántico. Estuve despierto hasta la una o las dos de la madrugada. Hacía calor pues estábamos en pleno agosto, y a pesar de que yo dormía en cubierta no refrescó hasta poco antes del alba. Con la salida del sol no cambió mucho mi situación, por lo que levanté el ancla y traté de avanzar un poco con la primera brisa que se presentó. Fui dando bordadas hasta Punta Quemado, lugar al que llegué justo al mediodía, ya que La lolita avanzaba a duras penas, debido al aire en contra. La corriente del Nordeste era allí más intensa, de modo que esperé a ver si el aire cambiaba; pero no tuve suerte. Por ello me dispuse a cocinar y a preparar lo necesario para pasar la noche. Era luna llena, por lo que la vista de la costa era particularmente bella bajo su luz. Divisé un vapor que se dirigía al Sur, por el llamado Paso de los Vientos; se veían los faros de proa y de popa. Era bastante grande, y se escuchaba en la distancia el ruido de sus máquinas.

Al amanecer levé el ancla e icé mis velas. El viento soplaba levemente de popa, pero lo aproveché al máximo, y antes de las once de la mañana estaba en la Punta de Maisí, sobre los veinte grados de latitud Norte, según el mapa. No me detuve, pues el céfiro venía del Sureste, lo que me beneficiaba. Me aparté algo de la costa para evitar la cadena de arrecifes que la bordeaba desde Punta Quemado, y contrarrestar la corriente del Nordeste. Esta vez la suerte me acompañó y cerca de las cinco de la tarde estaba frente a la Punta del Fraile. Había superado una parte difícil de la navegación alrededor de Cuba, mas ahora tenía que regresar por el Norte de Cuba, en dirección al Oeste-Noroeste hasta llegar a La Habana, y a partir de ahí, navegar con rumbo Oeste-Sureste hasta el Cabo de San Antonio. Debía rodear el cayerío de Camagüey, Las Villas y Matanzas, aumentando las precauciones, debido a que abundaban los arrecifes y podían acecharme otros peligros. Antes, tenía planeado entrar en Baracoa, que fue la primera ciudad fundada por los españoles, y en Bariay, donde desembarcó Colón. Por la costa norte abundaban las bahías: Sagua de Tánamo, Nipe, Banes, Gibara, Puerto Padre, Malagueta, Manatí, Nuevitas, Cárdenas, Matanzas, La Habana, Mariel, y otras. Por tanto, llegado el caso podía guarecerme en cualquiera de ellas.

Pensaba que si no se presentaban contratiempos, debía estar en Baracoa al día siguiente, de modo que preparé lo necesario para la comida, bajo un torrencial aguacero que comenzó al momento de echar el ancla. No tuve otro remedio que comer galletas con carne salada y un chorizo, ya que fue imposible cocinar. Luego que escampó, cuando los últimos destellos del sol desaparecían en el horizonte, se sintió el fresco. Así que me acosté a dormir temprano; sin embargo, a media noche todavía estaba despierto. No pude saber si se trataba de la luz de la luna, o si sencillamente me había desvelado, cosa poco frecuente en mí, pues siempre dormía de un tirón hasta el amanecer, aunque soñara con frecuencia. No llevaba mi guitarra desde que mi esposa falleció, así que me senté con el farol, un trozo de papel y el lápiz, para ver si la musa de la poesía me dejaba caer algún verso, y escribí lo que viene a continuación:

> En esta tierra lejana
> que lleva por nombre Fraile
> no hay música para baile
> pues se viste con sotana.
> Está abierta la ventana
> del cielo con sus estrellas,
> que no lucen hoy tan bellas
> sobre la faz de esta mar,
> que no las deja de amar
> aún cuando pocas son ellas.
>
> La luna luce en la cumbre
> sin que me pueda dormir
> enfocando ese existir

> que de tierra y mar se cubre.
> Yo que solo por techumbre
> el firmamento poseo,
> y al que solo el Dios Morfeo
> vela y protege en su sueño,
> hoy lo busqué con empeño
> y encontré solo esta lumbre.

Luego de escribir estas décimas fue que pude conciliar el sueño. Al parecer, la musa de la poesía, de la que no recuerdo el nombre, quería que escribiera algo para ella, y como diosa al fin, hizo que me despertara hasta complacerla. Cuando era niño podía repetir de carretilla los nombres de las nueve musas, que aquel sacerdote que me diera las primeras y únicas clases que recibí en mi vida, me dictó en más de una ocasión. Era muy versado en la cultura griega y romana, y se preocupaba porque los niños de su parroquia aprendieran sobre esos temas, además de que nos enseñó las cuestiones elementales del idioma castellano, las matemáticas, y por supuesto, las relacionadas con la religión.

A la mañana siguiente salía hacia el Oeste buscando Punta Silencio, situada muy cerca de la desembocadura del río Yumurí. El viento era muy flojo, debido a ello no pude llegar hasta pasado el mediodía. Eso significaba que mi plan de alcanzar durante esa misma jornada la ciudad de Baracoa se deshizo. Acepté el hecho y fondeé para pasar la noche, que fue húmeda, gracias a lo que parecía un temporal que venía del Este. Aún así tomé la decisión de continuar al otro día, aunque seguía la lluvia y todo estaba nublado. A unas tres millas se encontraba una pequeña caleta o bahía, llamada de Mata, a donde logré arribar en la tarde.

El tiempo empeoró, así que me quedé en aquel refugio natural durante una semana, pues las marejadas se mantuvieron elevadas, impidiendo la navegación en un barco tan pequeño como el mío. A finales de agosto, pude reemprender la travesía, atracando en el muelle de Baracoa, un día veintisiete o veintiocho de ese mes. Me detuve el tiempo suficiente para dar una vuelta por la pequeña villa, visitar la primera iglesia levantada en Cuba, y reaprovisionarme de víveres y agua. Continué con rumbo Noroeste, pasando por la desembocadura del Toa y recorriendo varias caletas pequeñas, que no estaban nombradas en mi mapa, hasta llegar a Cayo Moa Grande. Para ello tuve que acercarme a Punta Gorda, penetrando por una especie de canal entre la barrera de arrecifes. Luego alcancé Cayo Burro, pasé cerca de Punta de Piedra y penetré en la Caleta de Yaguaneque, muy bien resguardada, y en la que tuve que capear el nuevo temporal que se presentó. Perdí otros cinco días, por lo que cuando salí nuevamente a navegar ya corría el mes de septiembre. Recorrí las caletas o bahías de Casanova y de Cebolla, y entré a Sagua de Tánamo, puerto bien resguardado y amplio, con varios cayos. En la boca del mismo había una barrera coralina, por lo que era necesario moverse en pleno día y con mucho cuidado. Pero algunos pescadores del lugar me informaron bien cómo debía navegar para evitarlos a la salida, que era desviándome al Nordeste, por donde había entrado, para luego volver a tomar rumbo al Oeste.

Durante las dos semanas que siguieron, recorrí las bahías de Cabonico, Levisa, Cajímaya, Nipe, que es la más grande de Cuba, y la de Banes. Conocí a varios pescadores de ese territorio, que cuando supieron lo que pretendía, se dividieron en dos grupos: los que pensaban que estaba loco, que fueron dos o tres, y los que me animaron a seguir, que constituían la mayoría. Estos últimos me dieron buenos informes acerca de cómo llegar sin tropiezos a Bariay —sitio que me interesaba conocer—, y aún más allá, hasta Gibara y Puerto Padre. Incluso uno de ellos había viajado a Nuevitas, en Camagüey, pero en barcos de cabotaje. Sin embargo, me aclaró que debía cuidarme de los arrecifes en el momento de entrar en casi todas las caletas o bahías, salvo en el caso de Gibara, que tenía una entrada amplia y libre de obstáculos naturales.

A finales de septiembre entraba en la Bahía de Naranjo, en la que me vi obligado a refugiarme, pues se presentó otro temporal, obligándome a mantenerme anclado. Perdí otros dos días, lo cual hizo mermar mis reservas de carne salada y tocino, pues la humedad y la falta de sol, provocaban que bajara la temperatura en las noches, y el frío aumenta el apetito. Finalmente, un dos de octubre de mil novecientos dieciocho, haciendo honor al Gran Almirante, puse los pies en la misma playa por donde todos afirman que Cristóbal Colón desembarcó en Cuba. Puedo decir que sí es hermoso ese lugar, pero que, al mismo tiempo, es lamentable que nadie se haya preocupado por señalar, de una manera bien visible, lo que había sucedido allí más de cuatrocientos años antes. Me quedé esa noche fondeado frente a la histórica ribera, bajo un cielo estrellado con luna en cuarto creciente.

Al día siguiente, azotado por una llovizna pertinaz, salí hacia Gibara. Eran unas cuatro o cinco millas, pero me separé prudentemente de la costa, pues muy cerca de la bahía del mismo nombre podía encontrarme con los arrecifes que marcaba el mapa. Me tomó unas cuatro horas la travesía, mas llegué sin tropiezos al puerto. Allí me reabastecí de carne salada, carbón, arroz, galletas, chorizos, tocino, algunas frutas, cebollas, ajo, limones y vino tinto, en la bodega de un español llegado a Cuba a principios de siglo, y a quien le había ido muy bien en esta tierra. Su nombre era Manuel, y se sorprendió cuando le dije que intentaba darle el bojeo a la Isla Grande.

—Esa es una empresa difícil, si lo haces en ese barquito del que te vi saltar a tierra —comentó mi tocayo mientras agregaba cuatro chorizos más—. Esos van por la casa

—explicó.

—Gracias. Ese barquito es muy marinero. Es ligero y de poco calado, lo que me permite moverme con facilidad entre los cayos, colándome por cualquier canalizo —le expliqué—.

—Pero si hay tormenta, no tienes mucha defensa que digamos —replicó mi tocayo.

—Navego cerca de la costa, y ante cualquier amenaza de chubasco, o si hay mucha marejada, tiro el ancla y me puedo guarecer en cualquier caleta o ensenada. Claro, el riesgo siempre existe.

—Y quien no se arriesga no llega —acotó él como para reforzar mi explicación—, y si no que se lo pregunten a Colón, o a los hermanos Pinzón.

—Así es. Bueno, Manuel, muchas gracias por los chorizos, que tenga un buen día —dije a modo de despedida.

—Buena suerte, *Manué* —respondió él—, que tengas un buen viaje.

Volví a salir a la mar de inmediato. A pesar del viento en contra, pude arribar a la Punta Bejuquero cerca de las dos de la tarde. Aproveché unos pocos rayos de sol para buscar un lugar adecuado y fondear. Preparé un suculento almuerzo, a base de potaje de garbanzos, arroz, carne, tomates de ensalada y vino tinto. Sin embargo, luego de matar el hambre, «levantó el día» y el viento vino del Este, por lo que decidí continuar. No fue una buena idea. Cerca de una playa, que no tenía nombre en el mapa, y cuando ya estaba por lanzar el ancla, hubo una racha de viento un poco fuerte, y al mismo tiempo, vi un cabezo frente a la proa, que pude eludir girando hacia estribor. Pero muy cerca había otro esperándome. Al verlo giré entonces a babor. La roca solo rozó ligeramente la quilla, mas no pude evitar que pegara en el timón de La Lolita. Sentí el golpe y como traqueaba la madera. Al volver a mover la barra me percaté que no tenía el gobierno del barco, así que lancé el ancla de inmediato y me agaché en la proa con uno de los remos en la mano por si había otro cabezo. Como no vi más obstáculos, arrié las velas.

No tenía más remedio que esperar al otro día y darme un buen baño de agua fría para reparar el timón, lo que atrasaría la travesía al menos cuatro o cinco horas, según la gravedad del daño. Bajo la luz de la luna y de uno de los faroles, comí el resto del potaje, el arroz y la carne, a lo que agregué un poco de vino y me acosté. Debía descansar, pues al día siguiente me esperaba una dura faena.

Amaneció nuevamente nublado y lloviznando, pero no tenía otro remedio que mojarme. Me tomé la mitad de mi jarrito con café caliente y me lancé al agua, que estaba helada. La paleta del timón se encontraba casi dividida en dos, así que tuve que amarrarla en forma de cruceta. Luego salí, tomé una tabla mediana, le pasé un clavo largo varias veces hasta que la madera se gastó, y busqué otra similar. Me lancé nuevamente al agua, y coloqué dichas tablas a ambos lados de la paleta, con el fin de asegurarla mejor, pasé el clavo de un lado a otro, para no tener que martillar bajo el agua, lo cual sería como derribar una muralla a pico. Luego doblé la punta del clavo con las orejas del martillo y volví a amarrar. Terminé como a la una de la tarde. Por suerte salió el sol y pude calentar algo mi piel, que más que morada, estaba azul. Me cambié de ropa y levanté el ancla para dirigirme a Punta Quebradas. Quería probar el timón aprovechando que la luz me permitía ver mejor. A pesar de que el aire era flojo, en una hora y media ya se podía divisar dicho punto. Aparté mi banquito y me acerqué con cuidado, con la rodilla derecha apoyada sobre cubierta, por si aparecía otro cabezo o algún banco de arena poder moverme con facilidad. Cinco minutos después, arrié las velas y anclé.

Esa tarde preparé una sopa de carne, que tomé bien caliente, acompañándola con galletas. Después hice una limonada, que ingerí también caliente, para no pescar un catarro. Luego me acosté con el abrigo puesto y tapándome con el toldo. Dormí como un tronco hasta que el sol, que me daba en pleno rostro, me obligó a abrir los ojos. Debían ser más de las ocho de la mañana cuando desplegué las velas y continué con rumbo a Punta Piedra del Mangle, por donde pasé al mediodía. El céfiro soplaba con ímpetu, llevándome hasta Punta Uvero, muy cerca de Puerto Padre, cuando ya caía la tarde.

Al día siguiente entré en la bahía, y lo primero que hice fue averiguar si podía hacerme de un timón de repuesto. Hasta el momento el reparado había respondido bien; pero era prudente tener uno listo por si se producía otro accidente o simplemente se volvía a romper. Después de algún regateo, pude comprar, por cinco pesos americanos, uno que iban a colocar en un barco nuevo, parecido al mío. No me entretuve en recorrer la bahía ni en cambiarlo allí mismo, sino que salí a la mar nuevamente y no descansé hasta arribar a Punta Mojacasabe, donde almorcé, y a continuación seguí hacia Punta Malagueta, sin penetrar en la caleta del mismo nombre, por temor a la barrera de arrecifes que se encontraba frente a su entrada. Desde Punta Malagueta navegué, entre la costa y los arrecifes, hasta Punta Cobarrubias, donde anclé para hacer la comida y dormir. Quería entrar en el Puerto de Manatí al día siguiente, y de ahí ir directamente hasta Nuevitas, donde pensaba cambiar el timón de La Lolita, pues no era lógico navegar por todo el cayerío que va desde el norte de Camagüey hasta Matanzas con un timón en mal estado, pues podría jugarme una mala pasada en cualquier momento.

Amaneció nublado y con fuertes lloviznas, aunque sin marejadas fuertes. No era bueno navegar con ese tiempo, por lo que me mantuve anclado a la espera de que mejorara, pero más bien empeoró en la tarde. Las lloviznas se convirtieron en lluvias y la mar se elevó, por lo que tuve que quedarme fondeado en el mismo sitio y pasar la noche encorvado bajo cubierta.

Al otro día se repitió la historia, por lo que me quedé en Punta Cobarrubias, en la que pasé otra noche húmeda y fría.

El tiempo no mejoró hasta el cuarto día de estar fondeado en aquel punto. Cuando cambió y el viento vino en mi ayuda desde el Nordeste, salí con la idea de llegar a Nuevitas ese mismo día, y lo logré. Dejé la visita al Puerto de Manatí para una segunda travesía.

X

POR EL NORTE DE LA ISLA GRANDE

La Bahía de Nuevitas es la segunda en extensión del país, solo superada por la de Nipe. La entrada por el Canal de la Boca es estrecha, como las de Manatí, Malagueta, Puerto Padre, y otras de la costa norte. Amarré La Lolita en el muelle y busqué al encargado del varadero. El asunto me tomó el resto de la tarde, pues otro barco se encontraba en reparación. No podía hacer otra cosa que esperar. Tuve que quedarme esa noche, pero no fui hasta la ciudad. Tenía todo lo necesario para continuar el viaje en mi bajel. Por tanto, no era prudente alejarme del mismo. De todas formas me hice con otro saco de carbón, pues quería contar con reservas suficientes cuando entrara en el cayerío del norte de Camagüey.

Al día siguiente, con la ayuda de unos pescadores, pude cambiar el timón de La Lolita y continuar el viaje. Navegué por el norte de Cayo Sabinal, si bien éste no es tal, pues se encuentra conectado con la Isla Grande, hasta llegar a Cayo Guayaba. Sin embargo, las olas comenzaron a elevarse por el efecto del viento, y aunque éste me era favorable, decidí moverme al sur de los grandes cayos. Busqué el canalizo situado al este del mencionado Cayo Guayaba y arrié la vela trasera para deslizarme con lentitud, ya que no conocía aquella zona. La pasa se desviaba al Sureste para salir a la Bahía de la Gloria, que no es en sí una bahía, ya que todo lo que tiene por el norte son cayos e islotes de diferentes tamaños, cubiertos de mangles y matorrales, aunque es justo decir que también había árboles maderables. En cambio, el agua era cristalina, y como el sol se mantuvo todo el día, aún en la tarde se veía el fondo con claridad. Anclé al sur de Cayo Toro y me dispuse a descansar un rato mientras se cocinaba el potaje de frijoles blancos.

Durante la mañana del siguiente día pasé por Cayo Cucubao, al Sur de Cayo Romano, me colé por una pasa que atraviesa Cayo Ratón y entré a la Bahía de Jigüey, que tampoco creo que lo sea, pues si lo que tiene por el norte son cayos, así como diferentes conexiones o salidas a la mar, estrechas o anchas, no debería nombrarse así. En esta bahía desemboca el Caonao, un río bastante grande, que en esa época era navegable. Fondeé junto a Cayo Judas para almorzar. Tenía la idea de atravesar Cayo Romano, por uno de los tres canalizos que existen, porque aunque dos estaban más cerca de donde me encontraba, al norte de éste y de Cayo Coco, había una zona buena para la pesca de langostas, según dijeron los pescadores que me habían ayudado a cambiar el timón. En definitivas, pasé entre los nombrados cayos, por un canalizo que quedaba con rumbo Norte y más cercano. Anclé junto a Cayo Paredón ya al atardecer para pasar la noche, que fue fría y húmeda. Al otro día, dieciséis de octubre según mi cuenta, tuve suerte y atrapé varias langostas grandes, y preparé un buen enchilado para el almuerzo, y luego, en la comida, las comí cocidas acompañadas con cebollas.

Al día siguiente circundé Cayo Coco, entrando hacia la Bahía de Perros por el este de Cayo Botella. Alcancé Cayo Rabihorcado, pasando por Cayo Largo del Griego. Eso me tomó todo un día completo de navegación, así como que encallara al Sur de Rabihorcado, mientras la daba la vuelta. Fue un descuido, porque había luz suficiente, pero me entretuve mirando los alrededores y no el fondo. Por suerte el banco de arena no era grande, por lo que con la subida de la marea en la noche la quilla de La Lolita se liberó. Tomé la chalana y amarré un cabo a la proa. Remé luego con fuerza y me separé del banco para no quedarme varado al otro día.

El buen enchilado de langostas, y el bojeo a Cayo Coco me costaron un retraso de quince días, pues cuando me dirigía hacia el Oeste, con rumbo a los Cayos de la Herradura, se presentó un mal tiempo, al parecer un ciclón —y octubre es el mes de los ciclones—, que me obligó a cobijarme en la Caleta de Jato, allí donde se encontraba el canalizo por el que había salido hacia Cayo Paredón. Hubo vientos y lluvias en abundancia, por lo que era imposible intentar salir a la mar.

Un dos de noviembre volví a soltar las velas, pasé por un canalizo situado al oeste de Cayo Baliza y tomé rumbo Noroeste, hasta fondear junto al Cayo Santa María. Al día siguiente continué hasta Cayo Francés y bajé hasta los Cayos de la Herradura, aunque no me entretuve metiéndome entre los islotes. Todos estaban llenos de manglares y rodeados de bajos. Así que me dirigí hasta Caibarién, un poblado de pescadores situado en la costa norte de Las Villas, para reabastecerme de víveres suficientes y continuar. Pasé por el sur de los cayos Fragoso, Medio y del Pajonal, «colándome» entre Cayo Vaca y Cayo Alto hacia mar abierto.

En Caibarién, unos pescadores me habían recomendado navegar por el norte del cayerío hasta Isabela de Sagua, incluso más allá, hasta Cayo Blanquizal, cuidándome de los arrecifes situados al norte de Cayo Verde, y luego entrar por Boca de Alcatraces, tomar hacia el Suroeste, entrando por el Paso de

Sánchez, navegando después por el norte de Cayos del Inglés hasta los de Cinco Leguas, atravesando éstos por un canalizo situado en la Ensenada del Asturiano. Y, así, entraba en la Bahía de Cárdenas, en la Provincia de Matanzas, evitando los peligros y ahorrando tiempo. Me recomendaban este rumbo, porque afirmaban que al norte de los Cayos de Juan Clarito se encontraba el Arrecife los Cabezos, muy peligroso de acuerdo con su criterio, y no hay opinión más autorizada que la de unos marineros acostumbrados a navegar en determinada zona, como lo había hecho yo en el cayerío de los alrededores de la Isla de Pinos. De modo que seguí su sugerencia al pie de la letra, y ya a mediados de noviembre entraba en el Puerto de Cárdenas, donde tuve que guarecerme debido a un mal tiempo que se presentó de improviso. Se trataba de un «Norte», como le decimos en Cuba a la banda de nubes cargadas de lluvias y bajas temperaturas que vienen desde el Noroeste. Estuve una semana inactivo.

Busqué una casa de huéspedes para quedarme durante las noches, no quería dormir encogido varios días, aunque solo desayunaba en la misma, pues soy un poco quisquilloso en asuntos de comida, y prefería cocinar mis alimentos. De esa forma le daba mi vueltecita a La Lolita y observaba el tiempo, por si mejoraba.

Pasados ocho días continué hacia el Noroeste, hasta llegar a Punta Hicacos, pasando luego frente a la Playa de Varadero, de varios kilómetros de extensión, arenas muy blancas y aguas transparentes, como la de Punta del Este. Claro que ésta era más larga, pues abarca prácticamente toda la Península de Hicacos. Pasé también frente a la Playa de Camarioca y luego penetré en la Bahía de Matanzas. Allí me sorprendió otro «Norte», con mucho viento y marejadas, que me detuvieron por otra semana.

A inicios de diciembre pasaba frente a la Ensenada de

Bacunayagua, la de Puerto Escondido, Santa Cruz del Norte, Boca de Jaruco, Cojímar y la Bahía de La Habana. Tuve la idea de entrar en el puerto y atravesar la provincia hasta Batabanó, para darles una sorpresa a mis padres, mas desistí. No era prudente abandonar el barco y menos en un lugar tan concurrido por navíos de todas partes de la isla y del mundo. Continué hasta la Bahía de Mariel, lugar donde llegué un siete de diciembre, día del nacimiento de Tito, mi segundo hijo, quien cumplía precisamente siete años; allí estuve medio día, para reaprovisionarme de víveres y seguir, pues al norte de Pinar del Río me esperaban muchas ensenadas, caletas, y cayos que quería explorar, y por lo que me habían dicho los pescadores de La Coloma, no había donde comprar comida. Los comercios no abundaban, o casi no existían, quizás por lo intrincado de esos lugares, o porque se concentraban en La Habana, que es la capital.

En Punta Dominica me encontré con otro «Norte», que levantó mucho oleaje, viéndome obligado a detenerme por otros seis días. Cuando entré a la Bahía de Cabañas mi almanaque marcaba el veinte de diciembre. Es decir, que el bojeo duraba ya más de siete meses. Hasta ese momento la suerte me había favorecido. Sin embargo, me acercaba a una zona donde abundaban arrecifes, cayos, bahías y ensenadas, donde nunca antes había navegado. Confiaba en mi buena estrella, y en mi amigo de la camisa blanca, pero no sobran las precauciones cuando los obstáculos son muchos. Mi bajel era poco más que un bote grande, lo que me impedía adentrarme mucho en mar abierto sin correr riesgos, para aprovechar el viento del golfo. Al mismo tiempo, por su poco calado, me era fácil moverme entre los cayos y arrecifes, e introducirme por estrechos canalizos para ganarle días al almanaque. Era además ligero y lo podía gobernar solo.

Sin embargo, en la mar no existen carreteras y las

contingencias se pueden presentar donde menos las esperas. Cerca de la Ensenada de las Cuevas me esperaba una sorpresa desagradable. Navegaba con tranquilidad, con viento del Nordeste, cuando el mismo cambió de pronto y sopló desde el Sur, provocando que el oleaje aumentara. Busqué entonces un lugar bajo y cercano a la costa para fondear. De pronto, vi el cabezo que estaba frente a mi proa, y giré a estribor, a favor del aire, como lo aconsejaba la experiencia, mas eso fue fatal pues otro cabezo acechaba muy cerca. Cuando lo vi giré a babor, pero no pude evitar que este incrustara una de sus puntas en el costado de La Lolita. Sentí el golpe y cómo traqueaba la madera. No perdí el control, y continué acercándome a la costa. No estaba seguro en ese momento si tenía una vía de agua, pero no era posible soltar el timón.

Cuando logré arriar las velas y lanzar el ancla, bajé para ver el casco. El agua penetraba entre dos de los tablones, quebrados e inclinados hacia dentro. Tomé un poco de estopa y taponé como pude la entrada. Luego clavé una tabla pequeña para evitar que la presión empujara la hilaza hacia dentro. Rellené con estopa todos los espacios que quedaban alrededor de las tablas rotas y reforcé la tabla pequeña que acababa de colocar con otra más grande, clavada de arriba abajo. Esperé para ver el resultado: no continuó entrando más que un pequeño hilillo.

Subí a cubierta para ubicarme. Estaba a más de media milla de la costa. La mar continuaba encrespada, con el aire soplando otra vez desde el Nordeste. No había nubes que impidieran la visibilidad, así que me despojé de la camisa y la camiseta y me lancé al agua, que estaba fría «como la pata de un muerto», para ver el daño sufrido por el casco. No era muy serio, pero necesitaba reparación. Pensé en entrar al Puerto de Bahía Honda para hacer el arreglo, pero seguro que me iba a costar bastante, y ya escaseaba el dinero. Así que decidí hacerlo yo mismo. Era un reto, pues debía trabajar bajo el agua, o meterme en un banco de arena con la marea baja, y tratar de taponar desde afuera con dos tablas y más estopa, y luego esperar a que subiera la marea para liberar el barco. Era un riesgo grande, pues podía quedarme varado indefinidamente. Esa noche me mantuve allí mismo para descansar, y descendió tanto la temperatura, que tuve que meterme bajo cubierta por la madrugada. Al amanecer me vi forzado a sacar varios cubos de agua del casco.

No entré a Bahía Honda. Doblé por la Punta Gobernadora y continué hasta Cayo Morrillo, y anclé de nuevo para pasar la noche. Tuve que sacar más de tres cubos de agua acumulados en el casco de La Lolita. Me vi obligado otra vez a bajar en la madrugada bajo cubierta, debido al frío reinante. A la mañana siguiente navegué con cuidado por la Ensenada de la Mulata, desde donde se divisa el famoso Pan de Guajaibón, buscando una «bajo» o banco de arena donde vararme intencionalmente, pero no lo encontré. Pasé al norte de Cayos Alacranes y entré en la Ensenada de Tortuga, y nada. Fue al Sur del Cayo Levisa, en la Pasa Cayetano, donde encontré un banco pequeño que servía para mis propósitos. Fondeé cerca y le di la vuelta en la chalana hasta que encontré la parte que más cerca estaba de la superficie. Hacia allí lancé a La Lolita de Este a Oeste, luego de separarme un poco y esperar a que el viento me fuera favorable, porque era necesario que el barco se quedara varado en el centro y no se moviera después. La maniobra salió a la perfección. Nunca antes me había arriesgado a hacer eso. Solo faltaba que me diera tiempo a realizar el arreglo y que luego, cuando subiera la marea, el navío quedara libre.

No tenía otro remedio que reparar el casco sumergiéndome; pero podía pararme sobre el banco, pues el agua me llegaba solo hasta el pecho. De esa forma podía respirar sin agotarme mucho. Aún con esa ventaja, tenía que trabajar empapándome.

Sin poder quitar las tablas dañadas, hice lo único posible en esa situación: metí estopa en todas las rendijas que encontré, luego clavé dos tablas sobre las que se encontraban quebradas, tarea muy difícil en ese caso, y volví a calafatear como pude todas las que se encontraban alrededor de la avería. Después entré para ver el efecto por dentro: el hilillo había cesado de correr. Eran pasadas las tres y solamente había ingerido un poco de café. Estaba muerto de cansancio y tiritando por el frío.

Encendí el fogón mientras recuperaba el calor del cuerpo bajo el sol. Después tiré el ancla por la popa, todo lo lejos que pude, pues si levantaba la marea y el barco se movía hacia adelante, se podía incrustar el timón en la arena y partirse la paleta del mismo. Preparé otro café y comí un poco de carne salada con galletas. Me cambié de ropa y me puse el abrigo. Después me acosté a descansar. No podía hacer otra cosa que esperar a que la marea subiera. Creo que serían las cuatro de la tarde en ese momento, y me quedé dormido casi en el acto.

Por suerte para mí, en medio de mi sueño vino mi amigo de la camisa blanca y el pañuelo de colorines, quien me sacudió para hablarme, por primera vez, en castellano: «Es hora de largarse amigo». Sentí entonces el acostumbrado balanceo de La Lolita indicándome que estaba libre del banco de arena. Levanté la mirada hacia el cielo completamente estrellado, y busqué la estrella polar para ubicarme. Salté a la chalana y amarré el cabo a la proa de mi bajel, tirando a continuación hacia el Este. Cuando la proa del barco estuvo en esa dirección, regresé para levantar el ancla. Después volví a la chalana para apartar a La Lolita del bajo. Una vez que estuve lo suficientemente lejos, volví a lanzar el ancla y me acosté, luego de darle las gracias a mi compañero de aventuras por despertarme. Dormí hasta el alba, olvidándome del frío.

Al otro día salí con rumbo a Punta Purgatorio, y alcancé la de

Río Blanco, penetré en una caleta desconocida, pasando poco más tarde frente a una playa, cerca de la cual desembocaba un pequeño río que tampoco aparecía nombrado en mi mapa. A continuación tomé rumbo Noroeste, hacia Cayo Arenas, donde fondeé para almorzar. Volví a revisar el casco. El trabajo y el frío no habían sido en vano, pues había cerrado la vía de agua. Sin embargo, debía extremar las precauciones. Me acercaba al final de mi viaje, extrañaba a mis hijos, a mis padres, cuñados y amigos. No era lo mismo estar quince días fuera que ocho o nueve meses, quizás más.

Después del almuerzo puse proa a la Ensenada de Verracos, la que revisé en busca de langostas. La suerte me acompañó y logré capturar cinco o seis bastante grandes, con cuyas colas preparé un enchilado para la comida —era Noche Buena— que me hizo recuperar fuerzas. Lo que quedó de las colas lo dejé para el desayuno, y con los carapachos hice un aporreado para el almuerzo.

A media mañana pasaba frente a Punta Lavandera, y para las once bordeaba por el norte el Cayo Inés de Soto. El aire comenzó a soplar en contra y se veían nubes en el horizonte, por el Oeste y el Noroeste. Cerca de los Cayos Boquerones decidí fondear para almorzar. La mar comenzó a elevarse y llegó la lluvia, que no paró en toda la tarde. Era veinticinco de diciembre, la Fiesta de la Navidad y el cumpleaños de mi padre. El viento se avivó y el oleaje aumentó, por lo cual me vi forzado a pasar allí el resto del día y la noche. A la mañana siguiente logré llegar, a pesar del viento en contra y el oleaje, hasta la Ensenada de Santa Lucía, pero no encontré ningún canalizo por el sur de Cayo Jutías, de modo que tuve que navegar por el norte del mismo, entre éste y los arrecifes. Debía arriesgar o no llegaría nunca. Luego de darle la vuelta al cayo logré entrar en la Ensenada Nombre de Dios, a través de una pasa no marcada en el mapa. Allí me protegí un poco del viento y el oleaje hasta que amaneció. Al día siguiente, veintisiete de diciembre, logré anclar junto a Cayo Diego, pues el aire soplaba desde el Noroeste y las olas tenían más de un metro. El veintiocho llegué hasta Cayo Rapado y anclé para almorzar y tomar una decisión importante. Desde que había pasado La Habana cavilaba sobre lo que sería más conveniente a partir del punto en el que ahora me encontraba: o bordeaba los arrecifes por el Golfo de México, o continuaba por el cayerío, entre los escollos y la costa. En el primer caso el riesgo era grande si se presentaba un «Norte», y en el segundo existía el peligro de encallar o chocar con otro cabezo. Navegar por mar abierto me haría ganar tiempo, pero lo más prudente era continuar pegado a la costa. Mis hijos me necesitaban vivo.

Al amanecer tomé rumbo Suroeste, hacia Cayo Rapado Chico, por un canalizo conocido como Pasa la Vinagrera. Continué por el sur de éste hasta los Cayos de Buenavista y llegué, navegando por el norte de éstos, hasta Punta Ingleses. Con rumbo Sur-Suroeste, doblé por Punta de Ábalos y no me detuve hasta Bahía Palencia, el treinta y uno de diciembre. El primero de enero pasaba por la Ensenada de Melones, doblaba la Punta Plumajes y llegaba hasta los Cayos de la Leña, donde me reabastecí de carbón. Perdí tres días más entre el cuidado del horno y el mal tiempo, pero no tenía otra opción. Arribé al Cabo de San Antonio el siete de enero.

XI

EL ÚLTIMO TIRÓN

Concluía la navegación por el norte de la Isla Grande, que había durado más de tres meses. Me hubiese gustado pasar el fin de año en mi casa, pero el bojeo no había terminado ni las dificultades tampoco, pues se presentó otra banda de nubes y lluvias, que me impidió navegar durante cuatro días. Pasé aquel temporal sin poder guarecerme más que bajo la cubierta. Hacía un frío que «pelaba». El doce de enero lo pasé con las cuatro galletas que me quedaban, un poco de carne salada, y los últimos dos chorizos. El trece de enero logré anclar frente a Punta del Holandés, al sur de la Península de Guanahacabibes, pues el viento sopló fuerte y la mar se encrespó, negándome la posibilidad de avanzar más, y no pude pescar. Tomé café en la mañana y comí arroz al mediodía, dejando los pocos frijoles blancos para la tarde. El catorce de enero era el cumpleaños de mi hijo Rafael, tampoco pude navegar y lo pasé tomando café, fumando, y con un poco de potaje en la noche.

El quince de enero el oleaje disminuyó lo suficiente como para que soltara los paños y continuara hasta Cabo Corrientes, después de bordear toda la bahía del mismo nombre. Pude ver tres o cuatro playas muy hermosas por allí, mas la mar volvió a picarse y no pude avanzar más allá. Solo me quedaba un poco de frijoles blancos y sal. El vino se había terminado. Anclé frente a Cabo Francés el dieciocho de enero, y el diecinueve en Punta Cortés, entré en la laguna que lleva el nombre de este conquistador español y pasé un día tranquilo. Me llegué al pueblo que hay allí. Por suerte, encontré una bodega donde pude comprar un buen trozo de tocino, cuatro chorizos, un cartucho de galletas y cinco libras de frijoles negros, que eran más baratos, y rellené uno de los bidones con agua. El día veinte salí de nuevo a la mar, y como ya conocía los Cayos de San Felipe, continué bordeando la costa hasta una pequeña caleta que está antes de Punta Caribe, donde almorcé, y en la tarde entré en la Ensenada de la Coloma. Cuando desembarqué era el veintidós de enero de año mil novecientos diecinueve. Ya habían pasado las fiestas de Noche Buena, las de Año Nuevo y la del Día de Reyes. Ninguno se había dado cuenta de mi llegada, hasta que el viejo Pedro gritó:

—!Oye, Manolo! Ven para que te des un trago con nosotros, que ya nos enteramos en lo que andas.

Me llegué hasta el grupito que trataba de espantar el frío con una botella de ron.

—Así que ya llegaste —comentó de nuevo Pedro alargándome la botella y un jarro.

—Todavía tengo que ir hasta la Ensenada de la Broa. En Punta Gorda fue donde inicié el bojeo.

—Entonces el Fin de Año lo pasaste por ahí —terció Pujols, un pariente de mi amigo de la Isla de Pinos—. Bueno, te quedas ahora y celebramos todo lo que te perdiste hasta hoy.

—Pienso cambiarle unas tablas a La Lolita. Choqué con un cabezo al Norte de Pinar del Río y tuve que varar el barco sobre un banco para sellar la vía de agua.

—Te la jugaste de verdad —comentó Pedro—.

—No encontré otra manera.

—Bueno, mañana le cambiamos las tablas rotas a tu barco —advirtió él—. Primero la fiesta y después el trabajo.

Me pude bañar con agua tibia ese día, mas luego me vi obligado a tocar la guitarra, a cantar varias canciones y algunas décimas, algo que después de la muerte de Emilia yo había dejado de hacer. Dormí bien hasta las seis de mañana, cuando me llamaron para desayunar. A continuación, salimos para el varadero, sacamos La Lolita y le cambiamos las tablas rotas. Tomó casi toda la mañana el arreglo, sobre todo porque el carpintero tenía más ron dentro que una cuba, y martillaba más sus dedos que la cabeza de los clavos, así que me vi obligado a echarle una mano. Los demás se dedicaron a calafatear bien el casco. Finalmente, cerca de las cuatro del la tarde, se terminó todo.

—Bueno, ahora a seguir la fiesta —dijo Pedro haciendo un ademán para que lo siguiéramos a su casa.

Como no me costó nada el arreglo, pues continuamos la fiesta hasta el día siguiente, era lo menos que podía hacer. El veinticuatro de enero icé mis velas nuevamente. Me sentía mucho más tranquilo: estaba en mi zona, ya había reparado La Lolita, y los víveres no me habían costado un centavo. Solo me faltaba ver a mis padres y después terminar aquella aventura comenzada hacía ya más de ocho meses. Me detuve en Boca de San Diego para almorzar y luego pasé la Punta de las Salinas y anclé al norte de los Cayos de Guzmán, donde muchas veces había fondeado cuando pescaba langostas, dentro de la llamada Ensenada de Majana. El veinticinco pasaba por el Canal de Cayamas donde pude coger varios crustáceos, luego pasé frente a la Playa de Cajío, y llegué en la tarde a Batabanó.

Fui directo a la casa de mis padres, para verlos y prepararles un buen enchilado de langostas. Mi padre tenía sesenta y ocho años, y tanto él como mi madre no andaban bien de salud, pero me recibieron como siempre. Les toqué algo con la guitarra que trajo mi tío José Lamar, y me quedé cinco días con ellos, no sin antes enviar un aviso a Miguel con el patrón de uno de los barcos de cabotaje que habitualmente hacían la travesía entre Batabanó y Nueva Gerona, a lo que agregué un telegrama dirigido a mi suegro, para hacerle saber que estaba bien. Salí a la mar el treinta y uno de enero, doblé por la Punta Mora y pude llegar hasta la Playa Tasajera, lugar en el que me vi forzado a fondear, pues el viento en contra me impidió avanzar más.

El primero de febrero pasé frente a la Boca del Hatiguanico y anclaba cerca de Punta Sombrero. Desde mi salida de La Coloma el tiempo no había cambiado; sin embargo, como para hacerme más difícil el bojeo, se presentó otro temporal. No pude continuar hasta el día tres; y lo hice con oleaje y lloviendo, quería terminar ya y confiaba en mis conocimientos de la zona por donde navegaba. Fue una pésima idea: el timón chocó con algo en el fondo y no me dejó gobernar a La Lolita. Tuve que anclar en la Ensenada de Curazao y esperar a que pasara el mal tiempo.

El cinco de febrero me lancé al agua, con un frío que «le metía miedo al más pinto de la paloma», para reparar el timón, cuya paleta estaba quebrada de arriba a abajo. Sin darme cuenta, me arañé con una de las astillas de la madera, y como tenía apuro en terminar, no me percaté que la sangre llama a los tiburones, pues con unas gotas basta para incitarlos a atacar. Cuando reaccioné tenía a dos encima. Fue el susto más grande después del naufragio cerca de Cayo Grande. Como había descendido con el martillo, unos clavos y un cabo para tratar de solucionar el problema, le di con el primero en la nariz al más atrevido de los dos, y seguidamente salí ligero a la superficie soltando lo demás. Como lo que tenía más cerca era la chalana, me agarré a ella con ambas manos y me impulsé con las piernas hasta caer, justo a tiempo, dentro de ella. Uno de ellos mordió hasta el remo de la izquierda cuando traté de moverlo para acercarme al barco, así que halé el cabo hasta que me puse al pairo y salté a La Lolita. Tuve que olvidarme de la reparación, pues los tiburones —conté cinco aletas—, no dejaron de rondar ni siquiera en la noche.

A la mañana siguiente los cazadores se mantenían dando vueltecitas, negándome la posibilidad de remediar la situación. Me encontraba a un paso de terminar lo que había sido uno de mis mayores sueños; y sin embargo, seguía imposibilitado para navegar. Tomé el asunto con calma. No me iba a dejar devorar por un tiburón a esas alturas, pues no tenía ninguna intención de que se cumpliera el refrán que dice: «Tanto nadar para morir en la orilla».

El día diez, con buen tiempo y sin tiburones a la vista, me lancé al agua: amarré como pude la paleta, y continué la travesía, buscando Punta Gorda, tiré hacia la Caleta de Matahambre para fondear al norte del cayo de igual nombre y almorzar. Allí había anclado nueve meses antes, el primer día del bojeo. Eran las dos de la tarde. Comí lo que quedaba del potaje de la noche anterior y un poco de carne salada con arroz. Dejé los higos, las peras y los melocotones que me habían regalado mis padres para mis hijos, se habían conservado bien debido a las bajas temperaturas. A las tres de la tarde largué velas y salí hacia Nueva Gerona. Sabía que el sol se pondría mucho antes de mi llegada, pero yo me conocía aquel trayecto como las palmas de mis manos. A las nueve pasaba cerca de Cayo Grande, y tres horas más tarde entraba en el muelle, casi diez meses después de mi partida. Para mi sorpresa, Miguel estaba esperándome. Me dio un abrazo y explicó su presencia:

—Aquí estuvo un primo de Pujols, quien me dijo que habías salido de allá el veinticuatro de enero. Supuse que irías a ver a tus padres, y luego recibí el aviso y tu telegrama; pero como pasaba el tiempo consideré que se había presentado algún contratiempo. Si no llegabas hoy, mañana salía a buscarte.

— ¿Cómo sabía que podía llegar de noche?

—Los buenos marineros podemos navegar a cualquier hora —contestó Miguel.

Pude abrazar a mis hijos al amanecer del siguiente día. Tuve que contarle buena parte de mis aventuras, ya que estaban enterados por su abuelo de mis propósitos. Felo y Tito habían crecido mucho, y encontré a mis dos hijas mucho más bellas que antes. Me di cuenta que ellas me necesitaban como nunca, pues los padres somos tan importantes como las madres, y no solamente como sostén económico de la familia. Los abuelos, su tío Rafael, y sus tías Julia, Concha y Blanca hacían cuanto podían. Sin embargo, yo tenía la responsabilidad principal. Los había dejado para cumplir uno de mis sueños, y la verdad es que no podía quejarme por su comportamiento, ni por su recibimiento.

XII

MEMORIAS

Después de mi primer bojeo a Cuba, durante el cual pasaron más de nueve hojas del almanaque y tuve mucha suerte, elaboré un plan para mi segunda circunvalación. Pero esa es otra historia que no pretendo contar aquí, como no procuro narrar otras aventuras que tuve en la mar, ni explicar por qué me casé, algunos años después, con Eladia, quien me dio otros tres hijos —Caridad, Manolito y Pastora—. Mi única intención ha sido relatar en qué consistieron mis sueños y cómo se cumplieron, a pesar de los tiempos aciagos que les acompañaron. Creo que un hombre debe luchar por sus quimeras, por difíciles que parezcan, ¿qué le quedaría si no? Al menos, intentándolo, tendrá algo para contar. Yo tuve la dicha de alcanzarlos todos. Sí, las penas también se presentaron, especialmente la muerte prematura de mi primera esposa, también sé que debemos aceptar la vida como es, porque Dios nos la da para que la vivamos, no para que nos lamentemos a cada paso. Si bien es cierto que hay personas que han recibido tantos golpes que no les ha quedado tiempo ni para fantasear.

Por tanto, me cuento entre los afortunados que hemos podido

soñar, luchar, y ver cumplidos nuestros deseos, en mi caso poder navegar por los mares de esta Isla, bella por dentro y por fuera, como antes lo hicieron corsarios y piratas, buscar los tesoros que ellos guardaron, y realizar la travesía alrededor de la Isla Grande. También casarme con una joven hermosa y crear una familia, cantar y bailar como cualquier buen cubano, para luego envejecer junto a mis hijos. Esos fueron mis grandes amores, que me acompañan en esta vida y que me llevaré a la otra, en la que espero encontrar esa paz que me dejó disfrutar tantas veces mi gran amigo, en especial aquel día cuando le vi pasar junto a mí frente a Punta Los Indios.

Aún percibo a Emilia, a la proa de mi bajel, con la incomparable ternura de su rostro, y a mi amigo de la camisa blanca guiándome a través de las ondas azules, al bucanero alto y rubio con su mosquete al hombro. Siento la brisa azotando mi cara mientras la tajamar corta el agua y puedo escuchar el suave murmullo de ésta mientras se desliza por los costados de La Lolita. Miro a mis hijos corriendo por mi casa. Aún puedo tocar mi guitarra y cantar alguna que otra décima.

He vivido momentos difíciles, dolorosos, mas puedo asegurar que también me complací con los mejores que un hombre puede tener. Algunos, probablemente, dirán que soy muy caprichoso, de mal carácter, un solitario que solo se bajaba del barco para irse de fiesta mientras su mujer se quedaba en casa con los hijos. Ellos no son mis jueces, y les digo más, ellos se perdieron esos instantes maravillosos, que no yo. Y si mis hijos mayores, los que tuve con Emilia, pensaran así, tienen todo el derecho a cuestionarme, aunque nunca lo han hecho. Solo les puedo decir que amé a su madre como a ninguna, y que los amo a ellos con todo mi corazón, a pesar de mis defectos. Y agrego esto último: «En este mundo, salvo Jesús, nadie ha tenido un padre perfecto».

Tampoco voy a explicar aquí el por qué tengo un hermano

negro, negro y con los ojos tan azules como los de mi padre. Solo diré que cuando se lo señalé a mi hijo mayor para que fuera a saludarlo, Rafael me miró estupefacto y soltó un taco:

—No jodas que ese es mi tío.

—Sí que lo es. Así que ve a saludarlo, puede pensar que no quieres porque es negro — repliqué.

Felo, que es como le decimos todos en la familia, cruzó la calle y saludó a mi hermano José Manuel, con quien conversó un buen rato. A su regreso expresó más claro sus pensamientos:

—Parece buena gente. Coño, pero si no es por esos ojos azules, iguales a los del abuelo Manuel, todavía no lo creyera.

No revelaré que pasó en la bronca con el gallego Pepe, solo diré que nadie le mandó a hablar lo que no debía a mis espaldas. Al final él me pidió disculpas, yo también se las pedí a él, y el asunto terminó ahí.

No voy a contar todo lo sucedido con «el loco» Matías, cuando estaba en el parque con su familia y una botella rota en cada mano. Había que llevarlo al hospital para controlarlo, aunque nadie se atrevía ni podía convencerlo, así que tuve que hacerlo a mi manera. Al otro día me lo agradeció.

Puedo asegurar que he sido un hombre feliz, dispuesto a competir con quien diga que ha sido el mayor de todos. Y afirmo eso porque he hecho lo que me he propuesto, y sin dinero, porque la riqueza de un hombre nada tiene que ver con ese señor. ¿Qué he buscado tesoros? ¿A quién no le gustaría encontrarse aunque sea una pequeña botija? ¿Quién no ha escarbado en el patio de su casa, o donde sea, para sacar unas monedas? Es incluso una aventura interesante, sobre todo si lo haces en la mar, o en una pequeña isla o islote. El peligro puede resultar excitante y hasta un incentivo en esos casos. Al respecto, voy a colocar aquí unos cuartetos que escribí en relación con un tesoro del cual mi amigo de la camisa blanca me dio las señas, que yo en su momento le daré a Felo, pues Tito seguramente no querrá oír hablar de ese asunto. El no quiere saber de cosas que tengan que ver con muertos. Muertos que a mi parecer no son tales, sino más bien espíritus errantes, con virtudes y defectos como los que cualquiera de nosotros, los que estamos aún dentro de este carapacho de carne y hueso, pueden tener. Estos cuartetos los titulé: El Tesoro.

EL TESORO

En un islote del mar
tiene mi padre un tesoro,
nadie sabe quién le dijo
que allí, enterrado, está el oro.

Nunca habló de testamento,
ni de dejarnos herencia,
pero sabe que hay un cofre
en una isla desierta.

La gente siempre se ríe
cuando hablamos de dinero,
de algún pirata francés
u otro filibustero.

Pero para sus adentros
no se atreven a negar,
la existencia de esa arca
bajo tierra, o en la mar.

Para muchos solo es
misterio y superstición,
y no pierden la ocasión
de repetir cada vez:

«Que ese tiempo ya pasó,
que es una historia muy vieja».
No quiero que esos me pidan
ni siquiera una moneda.

Del terrible Piet Heinz
solo queda la leyenda,
que quizás nadie se aprenda
por lo antigua que ella es.

De Henry Morgan yo sé
que en Puerto Príncipe estuvo,
mas siempre a la luz del sol,
nunca en lugares oscuros.

Como él otros pasaron
por los mares de esta isla;
pensando en hacer fortuna
para luego regresar.

Muchos visitaron Cuba
para asaltar y robar,
y también para guardar
el fruto de sus diabluras.

Si me preguntaras quién
yo creo que lo enterró,
no me atrevería a decir,
pues testigos, no dejó.

Mas si aún no lo comprendes
te daré una orientación,
la cual debes aprender
cual si fuera una canción:

Pedro el Picardo, no está;
El Mayorquín, ya se fue;
Miguel el Vasco, no sé,
y Diego Grillo, quizás.

Dentro de estos versos está la clave del lugar, y hasta cuáles son los pasos para sacar el cofre. Pero eso es un asunto de familia que solamente Felo conocerá en su momento, y él decidirá qué hacer en su día.

Todo lo que he dejado de contar en estas páginas se debe a que lo considero innecesario. No se trata de la historia de mi vida, sino la de «mis grandes amores», esos que me hicieron vivir en abundancia, lleno de gozo y pasión por lo que hice, y por lo que aún puedo hacer. Hoy los años pesan mucho más que antes, mis pulmones están cargados de nicotina y a veces me falta el aire. He dejado de navegar, pero sigo siendo un hombre feliz, y cuando mis ojos se cierren definitivamente, continuaré disfrutando de esos sueños convertidos en vivencias. A mis descendientes, aún a esos que no han nacido, les digo que vivan para bien, que sueñen y luchen por sus sueños, que no se aferren a lo material, pues pronto pasa, que no juzguen a los demás, y que si algún día tienen una guitarra en sus manos, se acuerden de tocar una tonada para mí.

FIN.

Made in the USA
Monee, IL
07 July 2026

56551630R00095